Glücks
UNIVERSUM

AF551941

Das Leben ist leicht wie eine Feder

Vom Sterben zum Neubeginn

Sashima Möller-Titel

Glücksuniversum Verlag

Bibliografische Information der Deutschen Nationalbibliothek
Die Deutsche Nationalbibliothek verzeichnet diese Publikation in der Deutschen Nationalbibliografie; detaillierte Informationen sind im Internet über **http://dnb.d-nb.de** abrufbar.

Lektorat: Marion Glück
Korrektorat: Bianca Weirauch
Fotos: Sashima Möller-Titel und Sarah Baumgartner
Umschlaggestaltung: Sarah Baumgartner
Satz und Layout: Marion Glück
Herstellung: BoD – Books on Demand, Norderstedt

2. Auflage

ISBN Softcover 978-3-949536-18-2
ISBN E-Pub 978-3-949536-19-9

Glücksuniversum Verlag ist ein Imprint der
Glücksuniversum GmbH, Ruhlsdorfer Straße 120, 14513 Teltow

Wir produzieren **perfekte nichtperfekte Bücher**. Wenn du einen **FEHLER** entdeckst, ärgere dich bitte nicht. Werde zum **HELFER** und sende uns deine Anregungen an verlag@gluecksuniversum.de

Weitere Informationen zum Verlag findest du unter:
www.gluecksuniversum.de/verlag/

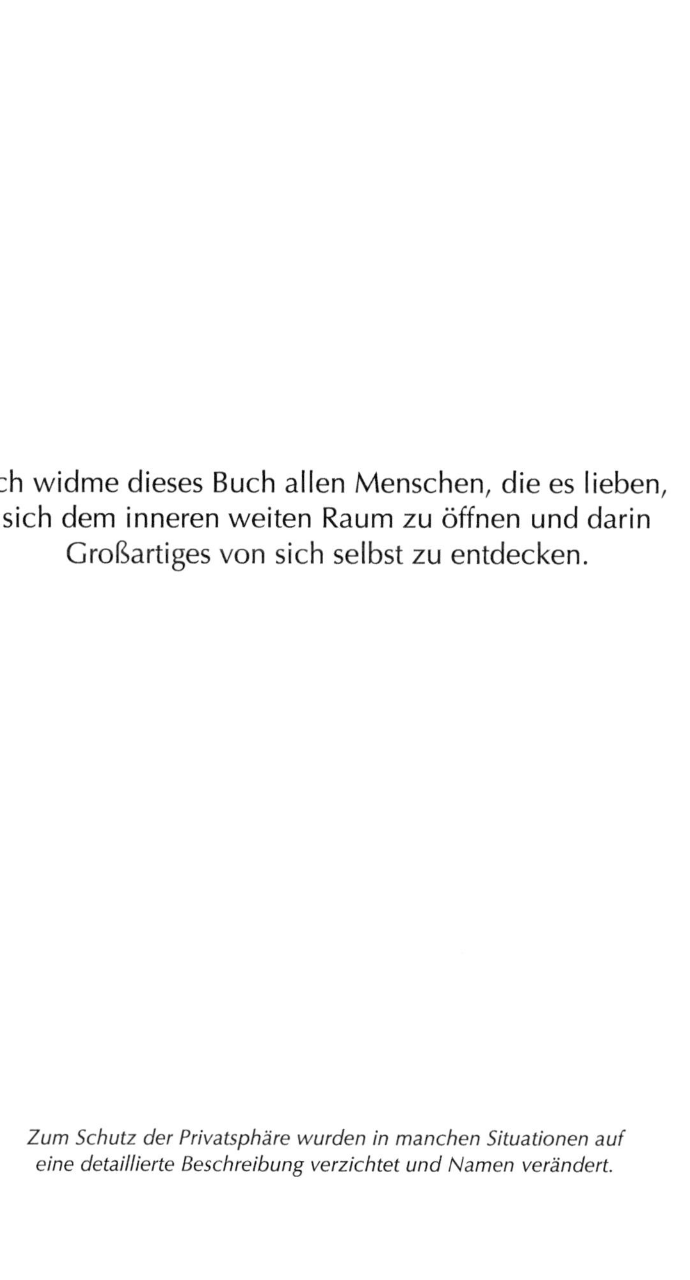

Ich widme dieses Buch allen Menschen, die es lieben, sich dem inneren weiten Raum zu öffnen und darin Großartiges von sich selbst zu entdecken.

Zum Schutz der Privatsphäre wurden in manchen Situationen auf eine detaillierte Beschreibung verzichtet und Namen verändert.

Sashima Möller-Titel
www.sashima.eu
hallo@sashima.eu
04704 230695

Inhalt

Vorwort

Kennst du das? Vielleicht ist es beim Duschen, beim Kartoffelschälen, bei einem Spaziergang, oder wenn du im Garten mit den Händen in der Erde wühlst. Wenn du so ganz bei dir bist und der Kopf mal frei hat, du ganz dem inneren Flow folgst. Dann passiert es. Ganz plötzlich ist ein klarer Impuls mit einer Gewissheit da, dass etwas Bestimmtes zu tun gerade der richtige Schritt ist.

So etwa ging es mir in meinem Urlaub in Costa Rica. Ich schrieb an meinem Manuskript. Nach etwa 20 Seiten dachte ich schon mal über einen eventuellen Buchtitel nach und fand alles, was mit Tod, Leben und Sterben zu tun hatte, langweilig. Ich war mir sicher, dass kein Grund zur Eile bestand. Ich konnte mir Zeit lassen, am Ende würde ich schon einen Titel wissen, und verschwendete keinen Gedanken mehr daran. Als ich wieder einmal in meinem Schreibsessel mit Blick auf das Meer auf der Terrasse saß, kam mir der Impuls, etwas aus meinem Zimmer zu holen. Ich legte eine kurze Pause ein und ging in mein Apartment. Dort öffnete ich den Reißverschluss meines Koffers, hob den Deckel und staunte.

Wie konnte das sein? Die Türen mit dem Fliegengitter hielt ich sehr achtsam verschlossen, damit mich keine ungebetenen tierischen Gäste besuchten. Den Koffer hatte ich nach dem Auspacken kaum geöffnet. Auch in meiner Zwischenstation in San José stand er nur in meinem Zimmer und kam nicht mit Natur in Berührung. Ungläubig blickte ich einen langen Moment auf den Inhalt.

Da leuchtete mir eine winzige bunte Feder entgegen, eine rotschwarze Daunenfeder. Wie konnte das sein?

Im gleichen Moment tauchte wie aus dem Nichts so außergewöhnlich klar in mir der Satz auf:

„Das Leben ist leicht wie eine Feder."

Es gibt so einen feinen Zustand von innerem Wissen, so ein Aufleuchten, frei von jeglichem Zweifel. Ich wusste, hier war es ein Hinweis auf meinen Buchtitel.

Wie ein feiner goldener Faden durchwebt dieses Aufleuchten den Lebensstoff meiner folgenden Geschichte.

Die Reise

Manchmal tun wir Dinge im Leben, deren Erledigung vielleicht eine lang anhaltende Weigerung vorausgegangen ist. Sie könnte heißen: „Für mich ist das nichts“, oder: „Ich habe keine Zeit dafür.“ Zum Glück gibt es einen weisen Teil in uns, der penetrant immer wieder Gelegenheiten erfindet, bis wir uns bewegen. Endlich gibt es das Aha-Erlebnis, dass es doch geht. Dass dieser genau der richtige Schritt ist. Eine Reise nach Mittelamerika ließ mich solche inneren Widerstände gegen ein herausforderndes Projekt überwinden. Nur wusste ich das vorher nicht.

Es war die Zeit, die das Reisen, besonders ins Ausland, aufgrund eines Virus erschwerte. Für meine jährliche Supervision und das Retreat in der Wüste New Mexikos in den Vereinigten Staaten nahm ich dennoch einen Umweg über ein Land am Meer.

Ich stürzte mich kurzfristig in Reiseplanungen. Zwei Möglichkeiten standen zur Wahl, bevor ich zwei Wochen in der Nähe des Äquators in der Gesellschaft netter Kollegen verbringen würde. Obwohl vieles für Mexiko sprach, wählte ich Costa Rica. Mitte Oktober 2021 ging es los.

Doch kurz vor der Abreise türmten sich Hindernisse vor mir auf, die mir nach und nach allerhand Aufregung bescherten. Mir erging es wie dem Prinzen, der erst Siebenmeilenstiefel anziehen, sieben Berge überwinden und den Drachen töten muss, um sein Ziel zu erreichen. Zumindest fühlte ich mich so.

Nach einer Umbuchung der Fluggesellschaft war mein Flug in deren System nicht mehr auffindbar. Stundenlanges Ausharren in der Warteschleife der Hotline brachte keinen Erfolg. Während ich zu Beginn noch vertraute, dass sich schon alles regeln würde, verließ mich meine Gelassenheit, je näher der Termin des Abflugs heranrückte. Erst am Abend vor der Abreise erreichte ich einen Mitarbeiter, der alles ordnete. Schwere Steine fielen von meinen Schultern, als ich endlich in der Maschine nach San José saß.

Dort angekommen, war es nach europäischer Zeit für mich schon mitten in der Nacht. Tief erschöpft, aber glücklich, meine erste Station erreicht zu haben, fiel ich ins Bett.

Ich freute mich, dass genügend Zeit bis zu meinem Anschlussflug am nächsten Vormittag vorhanden war, um ausschlafen zu können. Da lag ich nun und gab mich todmüde dem Schlaf hin. Paradoxerweise fand er mich nicht.

Nun gut, ich wusste einige Möglichkeiten, das Einschlafen zu fördern. Ich probierte es mit Mudras. Das sind Körperhaltungen, die einen Energiefluss herstellen. Dazu gibt es Mantren. Sie bestehen aus dem Wiederholen bestimmter Zahlen oder Silben. Für das beabsichtigte Ziel bringen sie mit ihrer Frequenz den Körper mit seinem feinstofflichen System in eine harmonische Schwingung. Oft genug glitt ich mit dieser Hilfe so hinweg. Doch jetzt passierte nichts. Auch das kannte ich. Im Gegensatz zu meinen Zwanzigern, als ich in vier Jahren drei Kinder bekommen hatte, ging ich heutzutage viel gelassener mit chronischem Schlafmangel um. Wie so oft ergab ich mich meinem Schicksal in dem Vertrauen, dass sich mein Kräftehaushalt schon wieder einpendeln würde. Drei Jahrzehnte beschäftigte ich mich bereits in Seminaren und Ausbildungen mit Gesundheit und Spiritualität. Nur selten benötigte ich zum Aufmuntern einen Cappuccino oder grünen Tee. Mein Körper und Geist waren inzwischen genährt von meinem eigenen Licht und verbunden mit unterstützenden Kräften aus Natur und Universum.

Im Alltag brauchte ich diese Getränke nicht. Ich war so entwöhnt, dass ich nachts nicht schlafen konnte, wenn ich sie am Nachmittag noch trank. Also genoss ich sie nur manchmal vormittags. Da lag ich nun im Bett, putzmunter wie ein Fisch. Mein ganzer Körper vibrierte. „Wie kann das sein?“, überlegte ich. Weder hatte ich auf dem Flug Kaffee noch schwarzen Tee getrunken und auch kaum geschlafen. „Ah“, blitzte ein Gedanke in mir auf, „vielleicht bin ich hier auf einem Kraftplatz gelandet?“ Mein ganzes Wesen interagierte spürbar mit der Umgebung. Ich spürte mich plötzlich in einem Feld kristallähnlicher Energien. Mein eigenes Licht nahm ich in seiner Ursprünglichkeit in einer ganz anderen Intensität wahr, als ich es bisher kannte.

Seit längerer Zeit beschäftigte mich die Gestaltung einer neuen Homepage. Hier sprudelten plötzlich Ideen dafür in einer ungewohnten Leichtigkeit. Dummerweise schrieb ich sie nicht auf, ich wollte schließlich schlafen. Ich erinnere mich nicht, ob ich in dieser Nacht noch in tiefen Schlaf sinken konnte.

Am Morgen jedenfalls trat ich nach dem Frühstück einigermaßen vital und gut gelaunt meine Weiterreise an. Eine kleine Maschine und ein Taxi brachten mich an die Küste nach Santa Teresa.

Ich hatte es gut getroffen. Krista und Irsa, die ich von mehreren Weiterbildungen kannte, wohnten in den Appartements neben und unter mir. Zwischen uns lag eine großzügige Terrasse mit einer Kücheneinrichtung für uns alle mit Blick auf das Meer. Tatsächlich deckte es sich mit dem Video, mit dem Krista mich ein paar Wochen vorher durch die Anlage führte und mich begeisterte. Die wilde Natur des Regenwaldes mit seinen Tieren umgab mich und Wasser befand sich in meiner Nähe.

Als ich Krista von meiner munteren Nacht erzählte, lachte sie nur und sagte: „Die ganze Insel ist ein Kraftfeld kristalliner Energien. Sie liegt auf einer Quarzplatte in vulkanischem Gestein.“ Sicherlich betraf das auch San José. Anscheinend hatte ich mit der Entscheidung meiner Reise nach Costa Rica eine gute Wahl getroffen. Ich wollte jeden Morgen den steilen Berg hinuntergehen und im Meer schwimmen. Zusammen könnten wir alles Mögliche unternehmen und die Umgebung kennenlernen.

„Wie bringst du Gott zum Lachen?“, heißt es in einem Witz. „Erzähl ihm deine Pläne.“

Meine jedenfalls wurden durch verschiedene Umstände durchkreuzt. Zunächst funktionierte meine Visa Card nicht, erst wieder am Tag meiner Abreise. Mein morgendliches Schwimmen zerschlug sich, weil man gerade wegen gefährlicher Unterströmungen nicht baden sollte. Der gefühlt mehr als 45 Grad steile Berg wurde durch die Regenzeit zur gefährlichen Rutschpartie, sodass ein Morgenspaziergang zum Strand nicht mal eben so möglich war. Schade, so hatte ich mir den Urlaub nicht vorgestellt. Wie sagte mein Schwiegervater doch immer? „Unsere Verlegenheiten sind Gottes Gelegenheiten.“ Nun ja, erfahrungsgemäß konnte ich das nicht abstreiten.

Ich war gespannt, was mich jetzt erwarten würde. Nach den ersten drei Urlaubstagen lag ich nach einem nächtlichen Rohrbruch in meinem Zimmer in Santa Teresa wach im Bett und ließ die letzten Stunden Revue passieren. Gestern gab es für Irsa, Krista und mich einen Bootsausflug auf dem Pazifik zu einer Walmutter mit ihrem Baby. Die Ausstrahlung dieser Meerestiere zu genießen oder mit ihnen zu kommunizieren, trat für mich ein wenig in den Hintergrund. Denn ich musste mich konzentrieren, die auf- und absteigenden Wellen in meinem Magen in Balance zu halten. Und doch schien es mir jetzt so, als wenn es über die direkte Begegnung hinaus eine Interaktion gegeben hätte. Ich ahnte, dass sie dazu beitrugen, mich einer neuen Aufgabe zu stellen, der ich immer wieder mit erheblichen Zweifeln begegnete.

Irsa und ich waren nach dem Abendbrot auf der Terrasse über den Tod meines Mannes ins Gespräch gekommen. Taro war vor zweieinhalb Jahren ganz plötzlich gestorben. Mitten aus dem Arbeitsalltag heraus erschütterte dieses Ereignis nicht nur mich, sondern sehr viele Menschen. Sie erwähnte, dass sie über die Einzelheiten kaum etwas wusste. So oft hatte ich die Geschichte erzählt. Sie war so voller Magie, eine Kette von Begebenheiten, die in mir und wenn ich sie erzählte, auch bei meinen Zuhörern mehr als ein Erstaunen auslöste. So oft wurde ich aufgefordert, sie aufzuschreiben. Immer war es mir zu zeitaufwendig erschienen im Verhältnis zu dem, was sie bewegen könnte.

Etwas in die Lebendigkeit zu bringen, wo Erstarrung Glücklichsein verhindert, war mir schon immer eine Herzensangelegenheit gewesen. Aber dazu ein ganzes Buch schreiben? Ich liebe kurze Wege. „Manchmal ist es nur ein Satz, der dem Leben eines Lesers eine Wendung geben könnte", meinte Irsa. Das Argument schlug bei mir ein wie der Blitz und fiel auf fruchtbaren Boden. Da war es, mein Aha-Erlebnis. Der weise Teil in mir hatte meine aktuellen Lebensumstände so arrangiert, dass ich nur noch „Ja" sagen konnte. Ob ich mich nun, nach zwei Jahren, wohl immer noch an diese vielen bedeutungsvollen Begebenheiten erinnern würde? So langsam dämmerte es in mir. Bis auf wenige Einzelheiten, die mir später einfielen, hatte ich Irsa gerade fast alles erzählt. In den nächsten Tagen würde mir mein Jetlag sehr frühe Morgenstunden, die ich zum Schreiben nutzen könnte, bescheren und gleichzeitig blieb auch noch Zeit für Urlaub übrig. Am gleichen Morgen noch legte ich los, entschied mich jedoch dazu, zum Schutz der Privatsphäre bei manchen Situationen auf eine detaillierte Beschreibung zu verzichten und Namen zu verändern. Der einzige hölzerne Sessel auf der Terrasse qualifizierte sich nun zu einem kreativitätsgeladenen Schreibstuhl.

Mein Schreibplatz auf der Terrasse

Ziptour mit einer Kollegin über den Baumwipfeln des Regenwaldes

Der Schock

Es war am 20. Februar 2019. Ein Mittwochabend. Wir hatten die wöchentliche Psychotherapiegruppe um viertel nach sechs hinausbegleitet. Einige erwarteten noch ihr Rezept von Taro und dann war für uns Feierabend. Ich setzte mich ins Büro an den Laptop, um noch einiges zu erledigen. Taro fragte mich, ob ich mit ihm Abendbrot essen wollte. „Ach, iss mal schon, ich brauche heute Abend nichts." Kurze Zeit später tauchte Taro wieder bei mir im Büro auf: „Ich mache einen Spaziergang, brauche noch Bewegung. Kommst du mit?" „Nein, lass mich mal lieber meine Sachen hier fertig machen", antwortete ich ihm.

Und so verließ er das Haus. Vielleicht war es jetzt viertel nach sieben.

Versunken in meine Aktivitäten am Computer, hörte ich nach einer ganzen Weile plötzlich das Telefon klingeln. Ich wunderte mich, Taro war dran: „Ich bin zusammengebrochen und liege auf dem Parkplatz, habe schon den Rettungswagen verständigt."

„Waaas, Taro, DUUU …?" Ein Gefühl angespannter Verwunderung nach dem Motto „Das kann doch nicht sein" stieg in mir auf.

Gefühlt wie im Zeitlupentempo holte ich meine Jacke und zog vor der Tür meine Gartenclogs an. In dem Moment fühlte ich mich wie eine Teilnehmerin eines Ablaufes göttlicher Ordnung. Ich war etwas angespannt und gleichzeitig erstaunlich ruhig, annehmend und mit der inneren Gewissheit, dass alles gut werden würde. Und so verließ ich das Haus.

Da lag er. Auf dem Parkplatz. Nur ein paar lange Sekunden von mir entfernt und berichtete mir, was sich zugetragen hatte.

Auf seinem Spaziergang war er nur die Dorfstraße entlang bis zur Kapelle gekommen und spürte plötzlich Atemnot. Er kehrte sofort um, wobei die letzten Meter immer schwieriger wurden, sodass er sich auf den letzten 100 Metern auf dem Weg zu unserem Haus nur noch mühselig auf allen vieren vorwärtsbewegen konnte und schließlich nicht mehr weiterkam. Diese mühsame Fortbewegung war noch an seinen aufgeriebenen Hosenbeinen und später an seinem Knie zu sehen.

„Wahrscheinlich habe ich einen Herzinfarkt. Kannst du mein Herz halten?", fragte er mich. Ich war froh, dies tun zu können, während wir auf den Rettungswagen warteten. Einen Moment kam mir der Gedanke, ob er daran wohl auch sterben könnte.

Schnell verdrängte ich ihn und sagte: „Wahrscheinlich kommst du ins Krankenhaus und dann bringe ich dir die Sachen dorthin." Schließlich kannten wir schon einige, auch Freunde in seinem Alter, die ihren Herzinfarkt gut überlebt hatten.

Es fiel mir in diesen unseren letzten gemeinsamen Minuten nichts anderes mehr ein. Minutenlange Stille umgab uns. Ich konnte nichts mehr denken. Weder gab es Aufregung noch Unruhe in mir. Es war nur noch die Präsenz des Augenblickes. Bedächtig bewegte sich der Rettungswagen die Eichenallee auf uns zu. Taro schilderte der Ärztin seine Geschichte. Sie trugen ihn ins Auto. Ich blieb einfach davor stehen.

Ein Sanitäter kam heraus und bot mir an, mich in den danebenstehenden Notarztwagen zu setzen. Ich lehnte ab. Plötzlich kam mir der Impuls, dass ich doch unseren Lehrer, einen bedeutenden spirituellen Meister, schnell benachrichtigen und um seine Unterstützung bitten könnte. Ich rannte ins Haus, sendete ihm eine Nachricht und ging dann wieder zu dem Geschehen auf unserem Parkplatz. Plötzlich sah ich die Silhouette des Arztes im Wagen sich auf und ab bewegen. Ein Schreck durchfuhr mich – Herzdruckmassage! Was, wenn unser Lehrer die Nachricht nicht gelesen hatte?

Ich rannte wieder ins Haus und postete bei Facebook: „Taro ist gerade auf einem Spaziergang vor unserem Haus zusammengebrochen. Notarztwagen ist da, wahrscheinlich Herzinfarkt. Bitte schaut, wie ihr ihn unterstützen könnt, wer zuständig ist."

Ein uns Vertrauter aus dem Nachbardorf, Jörg, antwortete sofort und fragte, ob er kommen sollte. Ich entgegnete: „Bitte nicht!" Als ich wieder nach draußen ging, sah ich das Rettungsteam bereits vor unserem anderen Hauseingang stehen. Ich ging auf die Gruppe zu und fragte: „Wollen Sie mir jetzt sagen, dass mein Mann es nicht geschafft hat?" Wir gingen ins Haus und sie berichteten, dass es ein Hinterwandsinfarkt war. Sie hatten alles versucht, aber im Gehirn kam schon ganz schnell keine Blutversorgung mehr an. Sie wirkten betroffen, war hier doch ein Kollege mitten aus seinem Arbeitsleben gerissen, wie sie von mir erfuhren. Die Ärztin erledigte die Formalitäten.

Sie fragten, ob sie den Bestatter bitten sollten, ihn abzuholen, doch das wollte ich nicht. „Nein, nicht so schnell", war mein erster Impuls, dem ich folgte. Ich musste erst mal realisieren, dass dieser eben noch lebendige Mensch tatsächlich tot war.

Allerdings nahm ich dankbar das Angebot an, mit dem Bestatter ein Beratungsgespräch für den nächsten Morgen zu vereinbaren. Welches Bestattungsunternehmen?

Mir fiel nur der Name „Schlange" ein. Etwa zehn Jahre zuvor berichtete in einem Seminar eine gerade von dem Tod ihres Vaters betroffene Teilnehmerin sehr beeindruckt von der Betreuung durch diese Firma.

Wir vereinbarten, dass Taro in seinem Behandlungsraum in dem Teil unseres Hauses, der Praxis und spirituelles Zentrum ist, auf seiner Untersuchungsliege aufgebahrt werden sollte.

Sie betteten ihn auf ein frisches weißes Laken. Ich holte ein kleines Handtuch, das ich zusammengerollt seitlich unter den Unterkiefer schob, um die Ausdehnung der Blutung am Hals als Folge der Infusion zu stoppen. Als mein Blick auf den Ehering an seiner Hand fiel, bat ich den Rettungssanitäter, ihn abzuziehen. Am nächsten Tag fiel mir ein, dass Falk und Katharina in diesem Jahr ihre Hochzeit planten und unsere Ringe vielleicht für eigene verwenden könnten. Ich wollte sie nicht mehr. Ein Anflug von Enttäuschung bewegte mich zu dem Einfall: „Wenn ich so allein weiter durch mein Leben gehen soll, will ich die Ringe auch nicht mehr.“ Als ich Falk und Katharina später diesen Vorschlag unterbreitete, mochten sie das Angebot nicht annehmen. Sie spürten, dass diese Idee nicht aus vollem Herzen kam. Mein nächster Handlungsschritt stand nun an. Ich benachrichtigte meine Tochter Rohana in Süddeutschland. Sie verabschiedete gerade ihre wöchentliche Meditationsgruppe. Die Notärztin war noch bei uns. So konnte sie Rohana am Telefon alle Einzelheiten schildern. Unsere Söhne Falk und Florian aus Hamburg hatten die Nachricht schon auf Facebook gelesen, riefen sofort an und machten sich zusammen mit Falks Frau Katharina auf den durch aufwendige Umleitungen erschwerten Weg zu uns. Wie ich später aus der Messenger-Information unseres Lehrers entnahm, war Taro nicht mehr mit heilenden Schwingungen für sein irdisches Leben zu erreichen. Er war schon voll im Licht.

Das ist nicht selbstverständlich. Aus meinen Erfahrungen wusste ich, dass der Weg in diese himmlische Existenz sich in der Weise gestaltet, wie man in seinem vergangenen Leben mit seiner Lichtrealität verbunden war. Eigentlich hätte ich mich über die Nachricht meines Lehrers freuen können. Doch sie klang nach Endgültigkeit.

Plötzlich stand Jörg aus dem Nachbarort mit seiner Freundin Tanja vor der Tür. Er las bei Facebook, dass Taro es nicht geschafft hatte. Sie wollten mich unterstützen – eine gut gemeinte Geste. Dass ich dabei nicht auf mein inneres Bedürfnis, diese letzten Minuten mit meinem Mann allein zu verbringen, gehört und auf ihren Besuch verzichtet habe, wurde mir erst später in meiner Trauer schmerzlich bewusst. In dem Moment konnte ich keinen klaren Impuls wahrnehmen, die beiden wieder wegzuschicken, weil sie es gut mit mir meinten. Die Crew des Rettungswagens wies die beiden an, sich nach nebenan in die Diele zu begeben. Dann trugen sie Taro ins Haus. Ich holte sie wieder dazu, weil ich auch in dieser Situation den Tod nicht aus dem Leben verbannen wollte. Diese Erfahrung des Abschiednehmens war für Jörg beim Tod des eigenen Vaters nicht möglich gewesen, wie ich in dem Moment erinnerte. Sich auf den Tod einzulassen, schöpft Lebendigkeit.

Das Unfassbare annehmen

Nun saß ich da neben meinem toten Mann auf seiner eigenen Behandlungsliege mit dem Gefühl, dass alles zusammengebrochen ist, was wir bisher als unsere gemeinsame Aufgabe lebten.

So früh schon? Mein ganzer Körper rebellierte. Ich fühlte mich wie im Schleudergang höchste Stufe in der Waschmaschine. Wir glaubten, dass wir gemeinsam noch lange mit unserer Arbeit für viele Suchende da sein und einen schönen Lebensabend haben würden. Ich hatte doch gerade mein Rentenalter erreicht und Taro die Stunden in seiner Praxis für Psychiatrie und Psychotherapie in Cuxhaven reduziert. Wir wollten uns mehr unserer spirituellen Arbeit widmen und unsere Freizeit genießen.

Zusammen mit unserem Nachbarn auf der östlichen Seite besuchte Taro einen Golfkurs. Sie verabredeten sich regelmäßig zu dieser neuen sportlichen Beschäftigung. Allerdings ahnten wir beide, dass etwas Neues in unser Leben kommen würde, und waren gespannt darauf. Kosmische Schwingungen brachten zunehmend goldenes Licht auf die Erde und manche planetaren Einflüsse die Menschen an den Rand ihrer eigenen Begrenzungen. Weil sich Neues gebären will, so fühlte ich, für uns und alle Menschen, lebten wir gespannt mit einem Blick aus offenem Herzen über den gewohnten Tellerrand hinaus. Ein Hauch von Wechsel bestimmte die damalige Zeitqualität bis in die Gegenwart. Doch diese drastische Veränderung wollte ich in meinem Leben ganz sicher nicht.

Aus Büchern wusste ich, wie ein großer indischer Meister Tote zum Leben erweckt hatte. Eine innige Liebe verband uns beide mit ihm. Wir erlebten ihn mehrmals in seinem Ashram und spürten seine Begleitung, obwohl er schon längst seinen Körper verlassen hatte.

„Bitte mache Taro wieder lebendig. Du kannst es, ich weiß es", tönte es eindringlich in mir. Gleichzeitig war mir klar, dass mein Ego dem Schicksal ausweichen wollte. Dass unser gemeinsamer Weg mit diesem Ende seinen Sinn hatte.

Alles in mir war in Aufruhr und in meinem Kopf rauschte es laut. Hinter dem Schock des Zusammenbruchs und dem Gefühl des Überfordertseins spürte ich eine tiefe Gewissheit, dass alles nur gut für mich sein konnte. Auch wenn dieses Erlebnis mich vielleicht auch darauf hinweisen wollte, dass mein Leben ebenfalls nicht so lange dauert, wie ich es mir immer wünsche. Dass ich mich vielleicht so darauf vorbereite. Es gab in diesem Moment den Teil in mir, der zwar erschüttert, aber dazu Ja sagen konnte. Nicht freudig, aber einwilligend, wenn es denn so kommen würde.

Im nächsten klaren Moment erkannte ich, dass morgen Taros langer Tag in der Praxis gewesen wäre. Ein Tag mit einem übervollen Terminkalender. Taro war um 20.11 Uhr gestorben. Wenn ich jemanden erreichen wollte, der noch irgendetwas organisierte, musste ich nun dringend handeln und so wählte ich die Nummer seines Kollegen und gleichzeitigen Geschäftsführers. Seine Frau berichtete, dass er gerade auf dem Flug über den Atlantik sei. Tief betroffen nahm sie meine Nachricht entgegen. Zu meiner Erleichterung kümmerte sie sich um die notwendigen Benachrichtigungen.

Ein Gedanke durchfuhr mich. Wie verkraften es die psychisch kranken Patienten, denen nicht mehr abgesagt werden kann, wenn sie morgen in der Praxis vom Tod ihres Arztes erfahren?

Ich vermochte nichts daran zu ändern, nur vertrauen, dass auch sie daran wachsen könnten.

Ich setzte mich neben den toten Körper, um ihn anzuschauen und zu berühren. Konnte ich auch seine Seele wahrnehmen? Ich fragte meine beiden Begleiter, die hinter mir saßen, ob sie Taro in seiner Feinstofflichkeit spüren könnten. Jörg sah seit Langem Verstorbene in seiner Umgebung, was er früher als Last empfand. Bis er, so wie wir, in der Ausbildung gelernt hatte, sie an ihren Platz im Licht zu begleiten, damit sie nicht hilflos suchend in der Umgebung umherirrten.

Für uns drei war kein Taro spürbar. Das vertraute Gefühl seiner menschlichen Nähe war in diesem Moment hinter seiner riesigen Lichtpräsenz verschwunden. Zwischendurch erreichten mich Anrufe. Jörg erhielt eine Nachricht von Andrea, der wir durch gemeinsame Ausbildung und die Arbeit in unserem Zentrum freundschaftlich verbunden sind. Sie fuhr nach meiner Information auf der Social-Media-Plattform von Klinik zu Klinik, um mich dort in den Notaufnahmen zu finden. Sie wollte mir beistehen, wenn ich vielleicht voller Sorge auf Taro warten musste. Nun brach auch über sie der Schmerz herein, als sie von der bitteren Realität erfuhr.

Ein Aufatmen war mir möglich, als Falk, Florian und Katharina in der Tür standen. Unsere Tochter Rohana, die mit ihrer Familie im Allgäu lebt, fuhr derweil noch zwei Stunden im Auto, um den Nachtzug in den Norden zu erreichen.

Meine Söhne und Katharina umarmten mich und den Tränen war der Weg gebahnt. Falk und ich hielten uns noch schluchzend in den Armen, als Cord vom westlich benachbarten Bauernhof erschien.

Er hatte den Blaulichtwagen von der Dorfstraße zu uns abbiegen sehen, als er mit dem Fahrrad nach Hause fuhr. Wie ich von ihm erfuhr, wählt man in der Regel die örtlichen Bestatter. Trotz all der

Werbung, die mir über die Jahre immer mal wieder begegnet ist, war mir auf die Frage des Mitarbeiters aus dem Rettungsteam nur die Firma „Schlange“ eingefallen, deren Institut wohl eher im städtischen Bereich tätig ist.

Den Zusammenhalt in der Nachbarschaft, wenn Not am Mann war, sollte ich in dieser Zeit noch oft als sehr wohltuend erleben. Andrea war ebenfalls angekommen und übernahm die Aufgabe, Taros Golffreund das schmerzliche Ereignis mitzuteilen. Jörg und Tanja machten sich auf den Weg nach Hause mit dem Angebot, dass sie mir mit ihrer Hilfe jederzeit zur Verfügung stehen würden.

Eigentlich wünschte ich mir nie, meinen Verwandten eine sehr persönliche Todesnachricht über Social Media zu überbringen. Doch angesichts unserer großen Familie war Facebook in diesem Fall sehr hilfreich. In diesem außergewöhnlichen Moment sah ich nur hier die Lösung, irgendwoher Hilfe zu bekommen. Für meine Söhne, Falk und Florian, war dies nicht leicht nachzuvollziehen.

Mein Neffe aus Brasilien überbrachte meiner jüngsten Schwester Gundula in Mecklenburg die Information. All unsere Geschwister, Neffen, Nichten und Freunde wussten in Windeseile Bescheid. Für die nächsten Tage hätte ich sonst einen Telefondienst einrichten müssen. Es war manchmal einfach nicht mehr möglich, die vielen Anrufe entgegenzunehmen. Nun saßen Falk, Katharina, Florian und ich in Taros Behandlungsraum neben seinem toten Körper und redeten auch im Bewusstsein der Anwesenheit seines Wesens über alles, was uns gerade so auf der Seele lag. Immer wieder auch voller Erstaunen, wie drastisch sich das Leben doch von jetzt auf gleich gravierend verändern kann. Es war bereits zwei Uhr, als wir beschlossen, schlafen zu gehen.

Ich lag für den Rest der Nacht mit Herzklopfen hellwach im Bett. An Schlaf war nicht zu denken. Im Haus herrschte Stille, als der Morgen dämmerte.

Plötzlich hatte ich eine Idee. Ich schlüpfte in Taros Bett unter seine Decke. Vielleicht könnte ich hier noch seinen Körpergeruch wahrnehmen. Es war doch immer so gewesen. Nichts. Ich schnupperte noch einmal. Immer wieder. Nichts. Enttäuscht und erstaunt stand ich auf. Das konnte doch nicht sein! Auf dem Stuhl im Bad lagen noch angetragene Sachen. Ich schlich mich die Treppe hinunter, um niemanden zu stören. Da waren seine Jeans und sein Pullover. Die Wollsachen hängte ich immer zum Auslüften nach draußen unter den Dachüberstand. Einige Tage dauerte es, bis sich manch penetranter Schweißgeruch verzogen hatte. Manchmal brachte selbst das gute Wollwaschmittel und der Kaltwaschgang nicht den gewünschten Erfolg. Hier würde ich mit Sicherheit fündig werden. Ich steckte meine Nase in den wollenen Pulli und roch nichts. Ich konnte es kaum fassen. Er war doch erst ein paar Stunden tot! Konnte es tatsächlich sein, dass sich der Körpergeruch mit dem Tod auch auflöste? Davon hatte ich noch nie gehört. War mir nicht mal diese Erinnerung an seinen menschlichen Körper geblieben?

Die gleiche Erfahrung machte meine Tochter Rohana, als sie in den nächsten Tagen im Bett ihres Vaters übernachten wollte. Kein vertrauter Duft und keine Papa-Atmosphäre gingen mehr von seinen Utensilien aus.

Gefühl und Geschäftigkeit

Florian hatte Rohana vom Nachtzug abgeholt. Es tat gut, so als Familie zusammen zu sein in unserem gemeinsamen Schmerz.

Nach dem Frühstück wollten wir Taro waschen und für seine letzte Reise einkleiden. Rohana heiligte das Wasser mit Rosenöl und den feinen Energien, zu denen sie durch ihre Ausbildung in den Essener Heilmethoden Zugang hatte. Das Wissen dieser alten Heilertradition, bekannt aus der israelischen Wüste Qumran, steht für diese Zeit in Ausbildungen neu zur Verfügung. Wir entkleideten den Leichnam mit Katharinas Hilfe, wuschen ihn andächtig und übergaben ihn seinem weiteren Weg.

In einer Mischung aus Dankbarkeit und Wehmut brach es aus mir heraus: „Was war dies doch für ein schöner Körper!" Nicht nur diese feine Seele, auch den Körper hatte ich so geliebt. Nun musste ich ihn für immer loslassen.

Großvaterfreuden

In einem späteren Augenblick durchfuhr mich der Gedanke: „Ob man wohl einen Leichnam fotografieren kann? Warum eigentlich nicht?“ Wenn, dann müsste ich es gleich tun, ehe Taro noch mehr vom Tod gezeichnet sein würde. So könnten Rohanas Kinder Samuel, Sebastian und Simon, die erst eine Woche später anreisen würden, näher mit dem Tod in Berührung kommen. Sie waren elf, acht und fünf Jahre alt. Auch Taros Schwester Ruth, die letzte von fünf Geschwistern, könnte ihn so noch mal in seiner Leblosigkeit sehen.

In diesen frühen Morgenstunden erreichte mich ein Anruf von Eckhard, einem Freund aus Taros ersten Studienzeiten. Damals wirkten sie zusammen mit seiner Frau Ingeborg als Vertrauensstudenten in der evangelischen Studentengemeinde. Dass er sich in diesem Augenblick meldete, erstaunte mich sehr. Vor Jahrzehnten brachen sie den Kontakt zu uns ab, nachdem sie von unserem Antrag auf Ausreise aus der damaligen DDR erfuhren. Sie reagierten enttäuscht, dass wir, wie so viele andere auch, gehen wollten, wo wir doch im Osten gebraucht wurden.

Damals war das eine bittere Erfahrung für uns, denn wir genossen unser Zusammensein immer sehr. Wir hatten sie immer gern und regelmäßig in ihrer Dorfpfarre besucht. Unsere Kinder in ziemlich gleichem Alter verstanden sich gut und Eckhard und Taro waren jeweils Patenonkel bei einem unserer Kinder. In den Jahren zuvor verbrachten wir mehrmals mit drei anderen Freunden und ihren Familien ein gemeinsames Wochenende in einem Freizeitheim und arbeiteten an aktuellen Lebensthemen, die uns gerade bewegten.

Als sie in den Ruhestand gingen, zog es sie in die Nähe ihrer Kinder. Nun wohnten sie 80 Kilometer von uns entfernt. Irgendwie kam der Kontakt wieder zustande und wir vereinbarten, uns mal zu treffen, was uns bisher nicht gelang, weil wir alle sehr beschäftigt waren. Nun schien der Zeitpunkt für Eckhard gekommen zu sein, dieses Vorhaben konkret werden zu lassen.

Welch ein Schock für ihn, als ich ihm berichtete, dass Taro am Abend vorher plötzlich gestorben war! Auch ich reagierte betroffen. Warum erreichte mich dieser Anruf gerade jetzt und eigentlich zu spät? Und doch gibt es eine tiefe Gewissheit in mir, dass unsere Seele mit ihrer Schwingung immer eine Bewegung im richtigen Moment anstößt, wo es eine Erfahrung oder einen Schritt zu machen gilt, der uns näher zu uns selbst führt.

Um elf Uhr kam Frau Rennhack vom Bestattungsinstitut. Zunächst erledigte sie mit uns die notwendigen Formalitäten und öffnete sich dabei für unsere individuellen Bedürfnisse. Wir wollten Taro noch eine Zeit lang bei uns behalten, wofür sie volles Verständnis zeigte und jeglichen Zeitdruck herausnahm. Schon bald konnte sie sich einfühlsam auf unsere Ideen einlassen. Falk drückte zwischendurch immer wieder seine Sorge aus, dass uns durch Automatismen Kosten entstehen könnten, die Leistungen entsprachen, die wir gar nicht in Anspruch nehmen würden, weil wir manches anders machten als normal üblich. Auch wenn es mir zwischendurch lästig erschien, war es doch gut, dass jemand auch den finanziellen Überblick behielt. Glücklicherweise zogen wir als Familie am gleichen Strang und entschieden uns schnell für eine Trauerfeier und spätere Urnenbeisetzung in einem Friedwald. Die Trauerfeier sollte noch am Sarg stattfinden. In Abstimmung des Termines mit dem Krematorium planten wir die Urnenbeisetzung eine Woche nach der Trauerfeier.

Wir rechneten mit 200 Trauergästen und wollten auch niemanden von einem gemeinsamen Kaffeetrinken ausschließen. In unserer

Umgebung befand sich nur eine Kirche im Nachbardorf, deren Kapazität für eine große Trauerfeier wie unsere ausreichte. In der Feierhalle unseres Dorffriedhofes würde die Hälfte der Besucher draußen stehen müssen. Das entsprach nicht unserer Vorstellung von einem festlichen Abschied. Falk und Florian stellten mir immer wieder die Frage, ob ich nicht das Grab hier vor Ort haben wollte, um es immer schnell besuchen zu können. Nein, ich hatte nicht das Bedürfnis, das Grab oft zu besuchen. Ich kann dort zwar wahrscheinlich noch die Ausstrahlung seiner Asche spüren, aber die Verbundenheit mit seinem Wesen ist doch auf ganz andere Weise für mich da.

Es war eine ziemliche Herausforderung, eine Form der Feier zu kreieren, in der sich all die verschiedenen Besucher wiederfinden konnten.

Unsere Väter, Bruder, Schwägerin, Schwäger waren Pastoren, auch noch einige in der nächsten Generation. Dann gab es Begleiter aus unseren verschiedenen Lebensabschnitten, unsere aktuellen Freunde und Kollegen mit einer religiös ungebundenen Spiritualität, Patienten und Kollegen aus den schulmedizinischen und alternativmedizinischen Bereichen. Schließlich war es wichtig, dass der Abschied uns selbst entsprach. Als wir aus dem Katalog einen Sarg aussuchen mussten, überkam mich die Endgültigkeit mit einem Schluchzen. Der Mensch, mit dem ich den größten Teil meines Lebens verbrachte, keine vierundzwanzig Stunden vorher zusammen gegessen und gearbeitet hatte, sollte tatsächlich in einen Sarg gelegt werden! Es kam mir vor wie ein schlechter Traum, aus dem ich im nächsten Augenblick erwachen würde, so unwirklich! Nach diesem Moment der Verzweiflung und des inneren Aufstands gegen das Schicksal konnte ich wieder zum Organisieren zurückkehren.

Wir waren uns schnell einig, dass wir Karl als Pastor haben wollten. Taro und ich kannten ihn noch aus Zeiten der Schweriner Studentengemeinde. Unsere Kinder erlebten ihn später auf Radfreizeiten, als wir uns schon längst aus den Augen verloren hatten. Als evangelischer Jugenddiakon konvertierte er zum Katholizismus und war jetzt Priester auf dem Kiez in Hamburg. Falk gestaltete zusammen mit ihm manches Kunstprojekt in seiner Kirche. Sein Werdegang sprach für Flexibilität. So freuten wir uns über seine Zusage, nachdem er Termine dafür verschieben konnte. Schon zwei Tage später begab er sich auf die Reise zu uns und wir entwickelten in einem vierstündigen Marathon die Trauerfeier. Wenn es in Taros oder meiner Familie Feste und Feierlichkeiten zu gestalten gab, sprudelte oft bei allen Beteiligten die Kreativität im gemeinsamen Erschaffen. Auch Beerdigungen wurden manchmal so zu einem erfüllenden Fest.

Karl nahm verbindenden Kontakt zu Frau Rennhack, unserem Ortspastor und der Pastorin der Kirche im Nachbardorf auf, wo die Trauerfeier stattfinden durfte. Überall erlebten wir ein wunderbares Miteinander. Türen taten sich auf, wo wir sie nie vermutet hätten.

Unsere Familie und viele Freunde schlugen vor, für das gemeinsame Kaffeetrinken in der Dorfgemeinschaftshalle Kuchen zu backen und Brötchen zu schmieren.

Der Bürgermeister bot mir an, die Formalitäten für die Anmietung der Halle für mich mitzuerledigen, weil er gerade in den zuständigen Ort fahren wollte.

Immer konnte ich Birgit von nebenan fragen, die mir durch ihre Informationen über lokale Gepflogenheiten manchen Schritt erleichterte. Da ich nicht firm mit den örtlichen Bräuchen war und bisher kaum etwas mit der Organisation einer Beerdigung zu tun hatte, war ich dankbar für ihre Hilfe. Im alten Teil unseres Dorfes ist es üblich, dass die Nachbarn den Beerdigungskaffee ausrichten, wenn jemand gestorben ist. Eigentlich eine schöne Sitte, die wir vor ein paar Jahren bereits bei der Beerdigung vom Nachbarn Georg als eine bunte Mischung von Mitwirkenden erlebt hatten. Weil am Abend vor unserer Trauerfeier noch eine Veranstaltung war, planten wir, die Dorfgemeinschaftshalle für unser Kaffeetrinken früh um acht Uhr herzurichten.

Es fanden sich so viele Helfer dafür vor Ort ein, dass manche schon befürchteten, dass es zu viele sein könnten. Alle Vorbereitungen liefen dort Hand in Hand und alles war sehr schnell erledigt. Ich fühlte mich geborgen in dieser großen Gemeinschaft. Eine Nachbarin sagte mir danach: „Ich wusste gar nicht, dass ihr so viele nette Leute um euch herumhabt."

Nicht alles konnten wir mit Frau Rennhack bei ihrem ersten Besuch klären. Als sie uns verließ, wusste jeder, was er bis zum nächsten Tag erledigen wollte.

Bald danach stieg in mir die Frage auf, wie es wohl all den Lieben erging, mit denen wir über unsere gemeinsame spirituelle Arbeit hier in der Region verbunden waren, wenn sie so unvermittelt von Taros Tod erfuhren. Sie müssten auch Gelegenheit haben, sich von Taro im direkten Kontakt zu verabschieden. Einige kamen über viele Jahre in unserem Zentrum zu den regelmäßigen Veranstaltungen, waren unsere Klienten oder Teilnehmer unserer Seminare oder Ausbildungen. Meine Kinder ließen sich nach und nach auf diese Idee ein und so gab es eine Facebook-Gruppe für Norddeutschland, die ich für den geeigneten Ort hielt, um alle einzuladen.

Dort schrieb ich folgenden Text: „Ihr Lieben, wir haben uns als Familie überlegt, dass wir denen, die uns hier über die Jahre in unserem Zentrum so liebevoll begleitet haben, auch noch mal die Chance geben, von Taro Abschied zu nehmen. Er liegt hier so schön friedlich aufgebahrt auf seiner Behandlungsliege in seinem Behandlungsraum, wo, wer das möchte, heute noch zwischen 17.30 und 18.30 Uhr bei ihm sein kann. Sagt es euch bitte untereinander weiter, weil es vielleicht nur wenige lesen, wenn ihr das Gefühl habt, dass es jemanden interessieren könnte. Über den Termin der Trauerfeier bzw. Urnenbeisetzung sind wir noch nicht im Klaren, weil so vieles zu bedenken ist. Unsere Kinder und teilweise auch die Enkelkinder sind jetzt bei mir."

Das persönliche Abschiednehmen kannte ich aus meiner Kindheit. Meine Mutter ging früher mit uns zu nahestehenden Verstorbenen, sodass der Tod etwas von seiner Anonymität verlieren konnte. In Erinnerung sind mir noch die Begegnungen mit meinem Großvater und mit meinem Ersatz-Opa. Es war deutlich sichtbar, dass es kein Leben mehr in ihnen gab und sie nicht einfach nur schliefen. Sie waren jetzt bei Gott.

Ich lernte schon früh, die Endlichkeit des Lebens ein Stückchen anzunehmen. Mit 16 Jahren erlebte ich zu Hause den langsamen Sterbeprozess meines Vaters während seiner Krebskrankheit. Nach seinem Tod war er in seiner Kirche aufgebahrt, sodass noch so mancher, der ihn liebte, Abschied nehmen konnte. Alles, was wir aus unserem Leben verdrängen, gewinnt an Macht und zeigt sich manchmal auf eine Weise, die nicht immer angenehm für uns ist. Sich einlassen ist ein Schritt zur Heilung und lässt uns innerlich wachsen. Deshalb war es mir wichtig, mich allem zu stellen, auch wenn es mich noch so schmerzhaft berührte.

Für diese abendliche Abschiedsstunde interessierten sich doch mehr, als ich dachte. Sie saßen neben Taro oder standen in der Tür, berührten ihn oder waren in innerer Verbindung mit ihm. Dankbar wurde diese Gelegenheit in lichtvoller von Rosen umrahmter Atmosphäre angenommen.

Eine Frau war von weither angereist und musste lange an der Fähre warten, sodass unser Zeitfenster bei ihrer Ankunft bereits überschritten war. Auch ihr ermöglichten wir noch die persönliche Begegnung mit ihrem verstorbenen Therapeuten.

In den Nachmittagsstunden kamen meine andere Schwiegertochter Anna und meine drei Enkel bei uns an. Julian war zehn, Miriam fünf und Jonas eineinhalb Jahre alt. Katharina hatte wie selbstverständlich gleich nach ihrer Ankunft das Regime in der Küche übernommen und erhielt jetzt Unterstützung von Anna, die nebenher auch noch für ihre beiden Kleinen da sein musste.

Ich brauchte mich um Essensplanung, Einkauf und Kochen kaum noch zu kümmern. Meine Kinder sprangen ein, wo es nötig war, standen mir aber vorwiegend für alle Organisation zur Verfügung, die nach Taros Versterben erforderlich wurde. Florian heizte fast ununterbrochen den eisernen Ofen in der Diele. Sein kleiner Sohn Jonas, immer mit helfender Hand dabei, betätigte den Feuerhaken oder reichte ihm ein Stück Holz. So umgab uns eine heimelige Atmosphäre. Wir bewegten uns im Wohnteil des Hauses mit unseren notwendigen Aktivitäten, die uns auch ab und zu durch den angrenzenden Praxisbereich führten. Die Tür zu Taro stand meistens offen oder war angelehnt, sodass immer mal wieder einer von uns zu ihm ging oder bei ihm saß, so auch die Enkel. Noch war er selbstverständlicher Teil dieses momentanen Lebensabschnittes, wenn auch in einem anderen Zustand.

Wir waren beschäftigt bis spät in die Nacht hinein. So vieles musste bedacht werden. Wir wollten nicht, wie wir es oft kannten, Todesanzeigen mit schwarzem Kreuz und schwarzem Rand versenden. Eine Grafikerin, ehemalige Schulfreundin unserer Kinder, konnte sich sofort kooperativ auf unsere Vorstellungen einlassen. Ich fand, dass es die schönste Todesanzeige geworden war, die ich je gesehen hatte. Wir setzten auf die Vorderseite der Klappkarte einen abfliegenden Schwan und auf die Rückseite einen Satz aus einer NDR-Morgenandacht eines Eckernförder Pastors: „Den Schwan können wir uns zum Vorbild nehmen und dürfen uns einüben und einsingen in einen fröhlichen, angstfreien, liebesgewissen Umgang mit unserem Tod." Taros Aufmerksamkeit galt in der Woche zuvor während seiner Autofahrt zu seinem Arbeitstag diesen Worten. Gleich nach seiner Ankunft in der Praxis ließ er sich den gesamten Text ausdrucken.

Am Sonntagabend vor seinem Tod war ich von einem Website-Kurs aus Hamburg zurückgekehrt. Ich war gerade erschöpft auf das Sofa gesunken, als er mir diesen vierseitigen Ausdruck auf den Tisch legte. „Lies mal, was der Pastor zu Luther und dem Schwan sagt", forderte mich Taro auf.

Ich überflog das Schriftstück, war aber eher genervt davon, weil mich der Inhalt eigentlich nicht interessierte. Ich sah bereits wieder eine erneute Kopie in einen Ordner wandern, von denen sich mehrere verdächtig ansammelten, wobei ich offenbar die einzige an Entsorgung Interessierte in unserer Beziehung war. Ab und zu leerte ich schon immer mal wieder unsere Bücherregale, weil es den Büchern so erging wie den Ordnern. Sie vermehrten sich unauffällig. Meistens waren es Bücher über verschiedene psychotherapeutische Ansichten oder Spiritualität.

Nun betrachtete ich diese vier Seiten mit Wehmut. Ich hatte ihre Botschaft und somit Taro ein paar Tage vorher nicht verstanden. Sie gewährten uns einen Einblick in unbewusste Sphären seines Seelenlebens und wurden zur Fundgrube für die Gestaltung der Traueranzeige.

Die ordnende Kraft im Hintergrund

Gab es wohl in Taro den Teil, der unbewusst schon längst von seinem kommenden Tod wusste? Ja, denn auch in mir gab es diesen Teil, wie sich mir später immer wieder zeigte.

Zwei Tage vor seinem Tod schlug er nach dem Mittagessen vor: „Wir könnten doch jetzt mal alles stehen und liegen lassen. Es ist so schönes Wetter draußen. Komm, wir fahren in den Wald und gehen spazieren." Nur zu gern willigte ich ein und los ging's in die Februarsonne. Doch dieser unser letzter Spaziergang war etwas überschattet von einer mir in dem Moment unerklärlichen unterschwelligen Gereiztheit. Ich konnte ein bestimmtes Thema einfach nicht ruhen lassen und erkannte mich selbst nicht wieder. Ich glaubte, dass er eine bestimmte Angelegenheit nur unzureichend geklärt hätte. Er bat mich, doch einfach mal nur zu genießen. Es gelang mir nicht wirklich. War vielleicht ein Teil in mir schon wütend, weil dieser wusste, dass es nie wieder einen gemeinsamen Spaziergang geben würde?

Zu seinem letzten Weihnachtsfest schenkte Taro jedem seiner therapeutischen Kollegen in der Praxis das Buch „Blick in die Ewigkeit: Die faszinierende Nahtoderfahrung eines Neurochirurgen" von Eben Alexander. Dieses Buch hatte ihn sehr berührt. Der Autor schildert darin sein Nahtoderlebnis, welches ihn durch die tiefsten Ebenen außerkörperlicher Existenz leitete, ergänzt durch seine wissenschaftlichen Erkenntnisse.

Im Herbst wachte ich nachts immer wieder unruhig mit dem Gedanken auf, mal ein Testament schreiben zu müssen. Am 9. Dezember 2018 war es dann so weit. Taro saß vor dem Fernseher und ich neben ihm auf dem Teppich mit dem Laptop vor meiner Nase. Das Berliner Testament schien für unsere Situation geeignet.

Wir hatten uns von anderen davon erzählen lassen. Ich googelte danach und wurde fündig. Taro gefiel der Text und ich holte Papier und Stift und schrieb ab. Wir versahen das Schriftstück mit unserer Unterschrift, legten es in eine Sichthülle und mit einem uns wichtig erscheinenden Zeitungsausschnitt obendrauf in die Schreibtischschublade.

Wenn wir mal Zeit hätten, könnten wir das Ganze noch mal mit einem Rechtsanwalt präzisieren. Ich konnte jedenfalls wieder ruhiger schlafen.

Ein paar Wochen vor diesem Ereignis entschieden wir uns, in der Meditation zu schauen, wie alt wir werden. Wir wollten wissen, wie viel Zeit uns noch blieb, um das zu leben, was Erfülltsein bedeutet. Uns beiden ging es nicht darum, viel erlebt, sondern das erfüllt zu haben, was wir uns für unser Erdendasein vorgenommen haben. Sich bewusst auf die eigene Lebensaufgabe einzulassen, verhindert die oft unbefriedigende Situation einer ewigen Suche nach etwas Unbestimmtem, die manchmal in Ersatzaktivitäten mündet oder sich sogar in Süchten ausdrücken kann.

Im Alter zwischen 20 und 30 begannen wir zu meditieren. Die Art der Meditation änderte sich im Laufe der Zeit und es gab Jahre, in denen wir sie vergaßen. Nun war sie schon über ein Vierteljahrhundert zum verlässlichen Begleiter in unserem Alltag geworden. Aus ihr schöpften wir Kraft. Sie gab uns die Ausrichtung auf das Wesentliche, auch wenn wir immer wieder Phasen durchlebten, in denen die Gedanken oder Unruhe die Oberhand zu gewinnen schienen. Wir machten einfach weiter. Mit unseren energetischen Heilmethoden lösten wir untereinander oder mit der Hilfe von Kollegen alte Erfahrungsmuster auf. Sie zeigen sich nicht nur in unserem täglichen Leben, sondern versperren uns den Weg in das tiefe Erleben unseres eigenen Seins.

Aus Seminaren und Ausbildungen kannten wir Übungen und energetische Techniken, die uns halfen, uns immer wieder an die Wirklichkeit unseres Lichtes anzuschließen. Wir wussten immer mehr, dass wir daraus eine innere Führung erhalten, die uns das Optimale tun lässt, auch wenn das nicht immer leicht ist.

Für mich ist es der beste Weg, sich selbst zu erfüllen, wenn wir dieser Führung folgen. Natürlich ist sie durch unsere kleinen oder größeren unbewussten inneren Saboteure nicht immer so leicht zu spüren. Es ist alles in unserem feinstofflichen System gespeichert, was wir jemals gelebt haben. Unser erlebtes Opfersein und unser Tätersein verdeckt das reine Wissen aus unserem Licht.

Wenn ich hier von Energien spreche, meine ich nicht den Strom aus der Leitung. Eine Verwandte kritisierte mich mal entrüstet, dass ich das Wort missbräuchlich benutzen und damit etwas Falsches suggerieren würde. Ich finde das nicht, denn dass im Körper Meridiane verlaufen, in denen auch eine Form von Energie fließt, die durch Akupunktur gefördert wird, gehört bei den allermeisten mittlerweile zum Allgemeinwissen. Schon lange gibt es Technik, die diese feinen Energien in der Verteilung als Lebensstrom im Körper messen und darstellen kann.

Als ich Taro fragte, ob er etwas zu unserem Anliegen in der Meditation erfuhr, erhielt ich zur Antwort: „Siebzig." „Waaas? Siiiebzig? Das kann doch nicht sein," entgegnete ich entsetzt, „du bist doch gerade siebzig geworden. Wahrscheinlich hast du die Zahl bekommen, weil deine Schwester mit siebzig gestorben ist."

Er wirkte ratlos und meinte: „Ja, du weißt ja, dass das Abrufen für sich selbst manchmal nicht so funktioniert. Vielleicht ist mir deshalb die Siebzig erschienen."

Nun gut, das war es bestimmt, beruhigten wir uns. Wir begaben uns in unseren Alltag und vergaßen es wieder. Erst vier Wochen nach seinem Tod fiel mir diese Begebenheit wieder ein.

Gab es noch andere Anzeichen, die sein bevorstehendes Lebensende ankündigten? Wohl zwei Monate vorher wusste ich ein bestimmtes Erleben nicht einzuordnen. An jenem Morgen lag ich mit in Taros Bett und legte meinen Arm über seinen Brustkorb. Er fühlte sich so anders an, heute würde ich sagen „lebloser". Ich war etwas erschrocken und verunsichert und vergaß es vorläufig wieder.

Drei Tage vor seinem Tod besuchte er eine kleine Kunstausstellung in dem nahegelegenen Kurort. Die Malerin hatte ihn eingeladen. Bei der Begrüßung übergab er ihr eine Feder mit den Worten: „Das Leben ist leicht wie eine Feder." Diesen Satz, gesprochen aus tiefstem Herzen, konnte man immer mal wieder in seinen letzten Lebensjahren von ihm hören. Frühmorgens vor seinem letzten Arbeitstag in der Praxis schenkte er einer Bekannten eine Feder, als sie ihm die Wohnungstür öffnete, ebenfalls mit den gleichen Worten.

Anfang Januar 2019 wollte Taro zu seinem letzten Ausbildungsblock nach Santa Fe fliegen. Bereits 2007 hatte er sich auf den Weg der eigenen Meisterschaft begeben. Durch eine unterstützende Ausbildung wollte er diesen Aspekt in sich vertiefen und sich gleichzeitig Behandlungsmöglichkeiten erschließen, deren tragende Schwingung die geistige Kraft der Meisterschaft war. Ich freute mich über seinen Entschluss zu dieser Ausbildung, denn ich hatte diese segensvollen Erfahrungen zwölf Jahre zuvor gemacht und konnte meine Klienten bereits viele Jahre mit den kraftvollen Heiltechniken begleiten.

Vielleicht hätte das bewusste Wissen um das Lebensende mit siebzig unsere Freude im Zusammenhang mit dieser Reise doch sehr beeinträchtigt.

Nach seiner Ankunft in Hamburg trafen wir uns mit unseren Söhnen und ihren Familien. Unsere Kinder hatten uns für diesen Zeitpunkt ein Cello-Konzert in der Elbphilharmonie geschenkt, bei dem Taro vor Beginn auf seinem Sitz bereits kurz eingeschlafen war. Hier überrollte ihn zwei Tage nach der Ankunft in Deutschland der Jetlag. Ansonsten erlebten wir ihn in diesen drei Hamburger Tagen voller Unternehmungsgeist. Wir verabredeten uns mit Kollegen zum Essen in einem Restaurant, wo er von seiner Reise berichtete. Weitere Besuche folgten bei Familie und Freunden. Ich erlebte ihn glücklich, kraftvoll, heiter und klar. Deshalb wunderte es mich, als wir in einem Zimmer der Altbauwohnung unseres Sohnes standen und er etwas sagte, was ich überhaupt nicht nachvollziehen konnte. Zu Hause in unserem Wohnzimmer stand ein sehr altes Möbelstück aus seinem Elternhaus, das schon einige Generationen seiner Familie erfreute. Im Zusammenhang mit unserer Ausreise erlebten wir damit bereits eine spezielle Geschichte und kümmerten uns, sobald es uns möglich war, in Westdeutschland um die Restauration. Wir genossen immer wieder dieses handwerklich so kunstvoll gearbeitete Möbel. Nun meinte Taro plötzlich, dass wir doch diesen Schrank jetzt unserem Sohn geben könnten, denn er würde doch auch gut in seine Wohnung passen. Ich fiel aus allen Wolken. Wir brauchten ihn doch und müssten uns in dem Fall Ersatz beschaffen, um unsere Dinge verstauen zu können. Eine weitere Äußerung von ihm folgte dazu: „Besser mit warmer Hand gegeben als mit kalter", ein uns vertrauter Spruch meiner Mutter. In dieser Situation wusste keiner von uns etwas mit dieser Äußerung anzufangen. Er selbst wahrscheinlich auch nicht. Dieses Ereignis lag jetzt einen Monat zurück.

Darta, ein Ausbildungskollege, meldete sich an diesem ersten Tag nach Taros Tod bei mir mit dem Angebot, mir aus dem Schockzustand herauszuhelfen. Dankbar nahm ich an und wir verabredeten uns für einen Online-Termin am Abend. Darta führte mich in einen innigen Kontakt mit geistigen Wesen, die mir heute und bereits aus Urzeiten wichtige Begleitung und Führung waren. Er führte mich in das Erleben von Einssein mit ihnen und schließlich mit Taro, was mir kurzfristig gelang. Der gesamte Trennungsschmerz übertönte immer wieder das Geschehen. Auch wenn ich den Zustand des Einsseins nicht halten konnte, war diese Begegnung wohltuend. Ein Teil von mir fühlte sich trotz allem gleichzeitig mit der göttlichen Quelle verbunden. Beides darf sein.

Der nächste Tag brach an, der letzte mit Taros totem Körper in unserem Haus. Die winterlichen Temperaturen und das ständig geöffnete Fenster, die brennenden Kerzen, die Rosen in der Vase und zwischendurch auch mal ein Räucherstäbchen waren erleichternde Umstände für uns.

Unangenehme Zersetzungsgerüche blieben uns erspart. Und doch bemerkten wir, wie der Körper sich veränderte. Es war gut, das mitzuerleben, und half uns beim Loslassen, auch wenn es schwer war. Mit gutem Gefühl und mit Zustimmung seiner Seele vereinbarten wir die Überführung in die Kapelle des Bestattungsinstitutes für die Mittagszeit. Vorher stand noch der nächste Termin mit Frau Rennhack an, um weitere Einzelheiten zu besprechen. Auch fragten wir sie, ob es möglich wäre, bei der Verbrennung im Krematorium dabei zu sein. Sie bejahte, denn sie hatte es selbst bei ihrem Vater miterlebt, schilderte uns den Ablauf und kümmerte sich um die Organisation.

Einige Stunden später stand wie vereinbart das Bestattungsauto vor der Tür. Wir waren gut vorbereitet. Gemeinsam hatten wir Taro auf seiner Liege in das Wartezimmer der Praxis gestellt, etwas seitlich, damit der Sarg daneben gut zu platzieren war. Ein Ethanolfeuer brannte, geladen von Rohana mit sanften Schwingungen, das nun mit seiner Liebe den Raum füllte und uns durchströmte. Neben einem kleinen Altar, dessen Kerzen sich mit unserer Widmung zu einem Lichttor öffneten, fanden die Rosen ihren Platz. Ein paar Rosenblätter standen in einer Schale bereit. Die Träger stellten den Sarg neben die Liege und berieten uns, wie wir als Familie am besten Taro gemeinsam hineinlegen könnten. Unsere anwesenden Enkel Julian und Miriam fassten das weiße Laken mit an, auf dem er gebettet war. Zusammen legten wir ihn in den Sarg.

Der Anblick und der Umgang mit einem toten menschlichen Körper im normalen Alltag ist heute in unserem Kulturkreis ziemlich ungewohnt. Dabei ist der Tod elementarer Bestandteil eines jeden Lebens. Wir bestreuten Taro mit Rosenblättern und versuchten, das „Halleluja", das Taro so liebte, zu singen, was aber schnell in unseren Tränen erstickte. Auch die Bestattungsmitarbeiter konnten ihr Berührtsein nicht ganz verbergen. Sie überließen uns die Entscheidung, wann der Sarg geschlossen werden sollte. Es dauerte nur einen Augenblick, dann waren wir so weit.

Einfühlsam entsprachen sie unserem Wunsch, den Sarg selbst in das Auto zu tragen. Wieder fassten wir alle mit an. Wir empfanden es als wohltuend, dies tun zu können. Der Wagen fuhr langsam die Eichenallee hinunter und bog auf die Dorfstraße ab. Einen Moment später sahen wir aus dem Küchenfenster, wie einer der beiden Träger zu uns zurückkehrte. Er musste zu Fuß die 150 Meter überwinden. Wir überlegten, ob es wohl eine Regel gibt, dass man den Toten nicht zurück in sein Haus fahren soll oder ob die beiden Mitarbeiter es einfach nur unpassend fanden. Sie hatten vergessen, den Totenschein mitzunehmen.

Am Samstag stand für uns der Besuch des Friedwaldes an, um einen Baum für die Beisetzung der Urne zu finden. Taro und ich zogen bereits vor längerer Zeit in Erwägung, mal einen Ausflug dahin zu unternehmen, um ihn als eventuellen Bestattungsort für uns kennenzulernen. Der Förster führte uns durch den Wald, erledigte die Formalitäten und besprach mit uns den Ablauf. Die Beisetzung wollten wir als Familie selbst gestalten. Ideen waren vorhanden, wir mussten sie nur noch so zusammentragen, dass es für uns alle stimmig war. Wir fanden eine noch junge Buche, die uns durch ihren besonderen Wuchs auf einem von Brombeeren umrankten Platz auf einer kleinen Lichtung gefiel. Wuchernde Brombeeren durchzogen als ständige Herausforderung auch all die Jahre unseren Garten. Als wir von unserem Friedwald-Spaziergang in unser Dorf zurückkehrten, hörten wir schon die Glocke vor unserer Kapelle läuten. Birgit hatte diesen Dienst für Verstorbene aus der Gemeinde übernommen. Für Taro vereinbarten wir den Samstag um zwölf Uhr. Wir fuhren an der läutenden Birgit vorbei und ihr Glockenklang begleitete uns bis nach Hause. Taro war in einem Dorf auf der Insel Rügen groß geworden. Die Kinder von Pastorenfamilien in der damaligen DDR waren meistens neben den häuslichen auch in kleine Tätigkeiten um den Beruf ihres Vaters einbezogen, was sie meistens auch gern taten.

Zu Hause erfüllte Taro den Job als „Hühner-Major“, der Hühner füttern, Stall ausmisten und Eier einsammeln beinhaltete. Als Küster kümmerte er sich, dass die Kirche gesäubert, geschmückt und die Glocke zu den entsprechenden Anlässen geläutet wurde, so auch bei Sterbefällen. Man nennt das „Ausläuten“. Wenn Not am Mann war, half er auch schon mal, eine „Kuhle“ zu graben. Das erledigten früher die Männer aus dem Dorf. Tod war für ihn keine Bedrohung, sondern gehörte dazu. Mit 36 Jahren erlebte er den Verlust seiner Zwillingsschwester, die ein paar Tage nach unserer gemeinsamen achtjährigen Nichte, der Tochter von Taros jüngster Schwester, plötzlich zu Hause starb.

Als Klinikarzt oder als niedergelassener Kassenarzt im hausärztlichen Notdienst war die Leichenschau Bestandteil im regelmäßigen Bereitschaftsdienst.

Am Nachmittag erwarteten wir Karl, den Pfarrer aus Hamburg. Wir trugen unsere Ideen zusammen. Die Trauerfeier wollten wir nicht nur mit Worten füllen. Rohana und mir war es wichtig, dass sie in lichtvoller Atmosphäre stattfand. Die Energie von Räumen speichert alles, was darin gedacht, gesprochen, gehandelt wurde. Als Feng-Shui-Beraterinnen wussten wir das, lösten auf, wo sich negative Energieansammlungen befanden, und zogen Lebensenergie in Räume. Selbst Schlachten, die vor Jahrtausenden über das Land gegangen waren, beeinflussen Raumenergien. Zwei Feng-Shui-Kolleginnen hatten sich den umgebenden Energien in den von uns benutzten Räumen für die Feierlichkeiten und im Friedwald bereits fürsorglich zugewendet. Unser Anliegen war, Schwingungen von Schmerz und Trauer nicht noch zu nähren, sondern eher von Liebe und Glücklichsein. Beides darf sein. Darum ging es uns auch in der Trauerfeier. Deshalb wählten wir zum Beginn das Kirchenlied: „In dir ist Freude, in allem Leide […]" Choräle sind mir aus frühester Kindheit vertraut. Ich habe sie immer gern gesungen. In unserer Familie und im Freundeskreis sind viele Bläser. Taro und ich liebten den Posaunenchor. Wir fragten unsere Nichten und Neffen und sie organisierten sich mit unseren Freunden, um dieses Lied zu begleiten.

In unserer spirituellen Arbeit verwendeten wir oft Feuer-Rituale, deren geistige Qualität bewegt uns in unserem Herzen oder verwandelt Schatten in Licht.

So ein kleines herzerwärmendes Feuer auf einem Stückchen Kampfer auf einem kraftvollen großen Stein planten wir vor dem Sarg. Ich hatte die einleitenden Worte dazu übernommen. Rohana wollte anschließend in einer kurzen meditativen Besinnung die Aufmerksamkeit auf Taros Lichtpräsenz lenken. Falk hatte die Möglichkeit, den „Schwan" von Saint-Saëns aus dem „Karneval der Tiere" auf dem Cello zu spielen. „Zufällig" war dieses Stück zwei Jahre lang auf der Bühne für ihn fast zur Routine geworden und damit keine unüberwindbare Hürde, es bei der Beerdigung seines Vaters zu spielen. Er konnte sogar seinen Klavierbegleiter aus dem Theater für die Trauerfeier gewinnen. Sie waren ein eingespieltes Team.

Nur, woher bekamen wir ein Klavier in die Kirche? Das erschien uns sehr aufwendig. Wie wir erfuhren, sollte am folgenden Tag eine Veranstaltung in der Kirche stattfinden, zu der „zufällig" ein Klavier benötigt und vor der Trauerfeier in die Kirche gestellt werden musste. Es fand sich auch noch Platz für Taros geliebtes „Halleluja", wozu Karl ein von ihm erprobtes Ritual vorschlug. Wer Taro für irgendetwas Danke sagen wollte, konnte dafür ein Teelicht entzünden und es auf einem gleichschenkligen liegenden Holzkreuz abstellen, während wir das Halleluja singen. Ich war mir sicher, dass Karl eine wunderbare Ansprache halten würde.

Stück für Stück ergab sich planend ein Gesamtwerk, an dem wir als Familie persönlich beteiligt waren.

Immer mehr Klarheit kehrte in das zunächst scheinbar unübersehbare Chaos ein. Langsam konnten wir durchatmen. Als wir ein paar Stunden später aus dem Küchenfenster schauten, sahen wir ein Auto auf unseren Parkplatz fahren und waren neugierig, wer dort wohl aussteigen würde. Wir trauten unseren Augen kaum: Besuch aus dem entfernten Mecklenburg.

Es war mein Neffe Alexander mit seiner Familie, der zwei Jahre zuvor seine Mutter verloren hatte. Wie sich herausstellte, hatte er ganz in der Nähe ein neues Auto erstanden und nutzte die Gelegenheit, bei uns hereinzuschauen. Wir tranken zusammen Kaffee und tauschten uns aus. Welch eine schöne Unterbrechung in unseren ununterbrochenen Aktivitäten.

In diesen Tagen stand eines Morgens plötzlich Nathanael in der Tür. Er war ein regelmäßiger Meditationsbesucher, oft noch in seiner vom Handwerk gezeichneten Arbeitskleidung, weil er es gerade noch rechtzeitig schaffte anzukommen. Taro war für ihn wie ein Vater, alles, was sein eigener Vater nicht für ihn gewesen ist, sagte er mir. Allen Mut hatte er nun zusammengenommen, um mir mitzuteilen, wie er mit mir litt und dass er sich nicht in der Lage fühlt, bei der Trauerfeier dabei zu sein.

Bei all der Planung kam der Sonntagabend schneller als gedacht und unsere Kinder mussten nach Hause fahren, weil die Arbeitswoche vor ihnen lag. Sie boten mir an, mich mit nach Hamburg zu nehmen, weil es für mich so allein im Haus unangenehm sein könnte. Andrea wäre zu mir gezogen, damit ich mich nicht einsam fühlen würde.

Es war alles gut gemeint, aber ich wollte allein sein, mich der Trauer stellen und ungehindert meinen Tränen freien Lauf lassen. Mitbewohner hätten vielleicht immer das Gefühl, mich trösten zu müssen. Es war schön, dass alle da waren, aber jetzt war es gut, für mich zu sein. Am Montag erwartete ich die gedruckten Anzeigen. Auch die Todesnachricht würde in zwei großen Zeitungen stehen. Die gedruckten Anzeigen kamen in der Mittagszeit mit der Post. Ich hatte eine Stunde Zeit, sie in die adressierten Umschläge zu tun, damit sie mit der nächsten Briefkastenleerung hinausgehen und die Empfänger noch rechtzeitig über den Termin der Trauerfeier informieren konnten. In der vor mir liegenden Woche gab es für mich jede Menge solcher Kleinigkeiten zu erledigen.

Aber es war auch Zeit, in diesen winterlich sonnigen Tagen ans Meer zu fahren. Ich fuhr an die Stelle, wo ich wenig Spaziergänger vermutete. Es war ein früher Nachmittag mitten in der Arbeitswoche. Dort könnte ich mich ganz frei fühlen, ohne mich beherrschen zu müssen. Dazu nahm ich nicht den bequemen Weg, sondern die Strecke über die etwas unwegsamen Steine. Wenn Wellen gegen diesen steinigen Küstenschutz schlagen, würde mich vielleicht ein erfrischender Hauch ihrer Spritzer erwischen.

Ich liebe es, ganz dicht am Wasser zu spazieren. Manchmal ist die See noch nicht oder nicht mehr ganz am Ufer. Dann genieße ich jeden schmalen Streifen im Watt, der gerade von mir erwandert werden kann. Ich gehe auch gern bei vollständiger Ebbe auf dem Meeresboden in die unendliche Weite. Früher wollte ich immer gern an die Ostsee ziehen, habe aber inzwischen die Vorzüge der Gezeiten schätzen und lieben gelernt.

Ich spürte, dass die Energie dieser Region zu meinem mondverbundenen Wesen passte. Ich weinte. Alles in mir weinte. Der Schmerz über das Verlassensein fand seinen Ausdruck. Mitunter auch in hörbarem Schluchzen. Der Frust über das Ungelebte bahnte sich seinen Weg. Hätten wir nicht in diesen Zeiten noch mal eine ganz andere Tiefe unserer Beziehung leben können?!

Angekommen

Taro war vier Wochen vor dem einschneidenden Ereignis von seinem letzten Ausbildungsblock mit einer Lebensfreude zurückgekommen, die aus einem inneren Wissen um sein Sein kam. Sie strahlte aus ihm heraus.

Einen Tag vor seinem Tod trafen sich die Gesellschafter in der kassenärztlichen Praxis zu ihrer monatlichen Besprechung. Wie mir von seinen Kollegen später berichtet wurde, hatte er dort gesagt, dass er geplant hatte, zum Ende des Jahres in der Praxis aufhören zu wollen, es ihm aber jetzt so gut ginge, dass er wohl doch noch weitermachen würde. Das konnte ich spüren und wir genossen, eher unbewusst, unser Zusammensein.

Vier Monate vor seinem Tod.
Taro und ich im November 2018 in unserem Garten.

Fünf Monate zuvor rief er mich von seinem vorletzten Ausbildungsblock in New Mexiko an. Er berichtete, dass unser Lehrer ihm beim Pizzaessen gesagt hätte: „Taro, du bist angekommen. Du musst nichts mehr tun.“ Wir vermuteten beide, dass wir jetzt noch gemeinsame schöne Zeiten vor uns haben würden, und freuten uns darauf. Was immer das „bei sich angekommen zu sein“ auch bedeutet, heißt für mich nicht automatisch, dass das Leben zu Ende ist. Taro war in sich, in seinem Göttlichsein, aufgewacht.

„Wie schön könnte das nun in unserer Zweisamkeit sein!“, dachte ich mir damals. Schon bald vergaßen wir diese Erweiterung unseres Seelenlebens. Sie war im Alltag Selbstverständlichkeit geworden, wie in all den fast 30 vorangegangenen Jahren, in denen wir Stück für Stück von uns selbst eroberten. Zunächst war das neu Erschlossene mit einem High-Gefühl verbunden und wurde schnell zum Normalzustand. Wenn ich allerdings zurückblickte auf viele Jahre zuvor, war ich doch erstaunt, welche Schönheit in mein Leben eingezogen war.

Nach Taros Ankunft blieben uns zunächst nur ein paar gemeinsame Tage, denn ich bereitete mich bereits auf meinen Flug nach New Mexiko vor, um die zweijährige Ausbildung im „Goldenen Schamanismus“ zu beenden. So sahen wir uns etwa vier Wochen insgesamt nicht. Danach genossen wir zusammen eine intensive Zeit.

Freizeit war in den letzten 20 Jahren bei uns etwas zu kurz gekommen. Jetzt war es, als wenn wir in den wenigen Wochen von Mitte Oktober bis Ende Dezember manches nachholten. So gab es aus verschiedenen Gründen für uns innerhalb von vier Wochen drei verschiedene Theaterbesuche. Früher entstanden manchmal mehrere Jahre Pause, ehe wir uns mal wieder so einem Kulturgenuss widmeten.

Wie ich so am Strand spazierte, flammte eine weitere Erinnerung aus dieser Zeit in mir auf. In unserem Haus aus verschiedenen Räumen kommend trafen wir in unserer geräumigen Diele plötzlich aufeinander, fielen uns in die Arme und genossen diesen Augenblick. Und gingen dann jeder wieder seiner Tätigkeit nach. Es war so eine ungewohnt innige Umarmung mitten im Alltag, anders als beim Verliebtsein oder im unterschiedlichen Umarmungserleben während der Höhen und Tiefen unserer 45-jährigen Ehe.

Diese Umarmung war frei von der Bedürftigkeit, von „Ich brauche dich, damit es mir gut geht". Sie kam aus einem Seinszustand, der frei sein lässt, weil er in sich selbst die Erfüllung gefunden hat. Eine Fortsetzung wäre so schön gewesen, jetzt wo wir wieder einen Höhepunkt in unserer Beziehung erklommen hatten. So unvermutet auseinandergerissen, beförderte nun jeglichen Schmerz an die Oberfläche.

Heute weiß ich nicht mehr, ob ich damals bei meinem Spaziergang am Wasser schon über diesen plötzlichen schmerzhaften Verlust wütend war oder ob die Wut erst später kam. Was ich mit Sicherheit weiß, ist, dass etwas in mir schrie und das alte Leben mit meinem Mann zurückhaben wollte.

Das frühlingshafte Wetter zog mich auch am nächsten Tag wieder ans Meer. Diese Spaziergänge taten mir gut. Ich konnte mich ganz meinem Schmerz hingeben.

Es stellte sich heraus, dass meine Schwester Gundula schon vor längerer Zeit genau in dieser Woche in genau diesem Ferienort mit ihrem Mann zusammen eine Woche Urlaub gebucht hatte. Als ich davon erfuhr, verstand ich zunächst einen anderen Ort, dessen Name ähnlich klang. Ich registrierte also gar nicht, dass sie in meiner Nähe waren. Sie boten mir ihre Hilfe an, so auch beim Eintüten der Anzeigen, aber es ergab sich nicht. Im Nachhinein stellte sich heraus, dass sie zur gleichen Zeit am gleichen Strand ein paar Kilometer hinter mir spazieren gingen. Normalerweise wäre daraus ein gemeinsamer Spaziergang entstanden. Wir hatten uns lange nicht gesehen. Jetzt war es einfach nicht dran. Ich brauchte diese Zeit für mich.

Als ich drei Jahre nach Taros Tod im Internet spontan und eher grundlos nach dem Eckernförder Pastor recherchierte, las ich etwas von seiner Verbindung zur Halbinsel Schwansen. Der Name kommt aus dem Dänischen und bedeutet Schwanensee. Erkenntnis durchrieselte mich. Hatte der Schwan doch schon einmal auf der Seelenebene als unser stiller Begleiter einen Übergang in das Neue eingeleitet.

Damals wohnten wir nach der Ausreise aus der DDR das erste Dreivierteljahr in einem Ferienhaus in Schwansen in der Nähe von Eckernförde. Dort bei den entlegenen Höfen im Moor begann unser neuer Lebensabschnitt. Diese und die kommende Zeit forderten uns, manche inneren Grenzen und somit auch äußere Grenzen zu überwinden. Es waren keine leichten Jahre, die vor uns lagen, und doch waren sie der Beginn einer intensiven Reise zu uns selbst. Der Kreis schloss sich jetzt. Taro und ich waren an unserem gemeinsamen Ziel angekommen. Nun war es wieder der Schwan, der das Ende dieses Zyklus einläutete. Wenn wir beginnen zu erkennen, mit welcher Weisheit uns Tiere begleiten, werden sie für uns zu Botschaftern des Lichtes. Manchmal tauchen sie wie aus dem Nichts ganz direkt in bestimmten Situationen auf. Mitunter kreuzen sie symbolhaft unseren Weg. Neben der Kommunikation über die Gedankenebene können sie auch mit ihren Krankheiten oder Verhaltensweisen uns unsere eigenen zu erlösenden Aspekte spiegeln. Es lohnt sich, die Sprache der Tiere und ihre Aufgaben verstehen zu lernen.

Nach Taros Tod entdeckte ich noch manches Foto mit einem Schwan in den Familienalben.

Angekommen zu sein drückte sich auch in der astrologischen Betrachtung von Taros Todeszeitpunkt aus, um die ich unsere Kollegin Sashanta mit ihrem astrologischen Weitblick zu Lebenssituationen einige Monate später bat. Es ist immer wieder beeindruckend für mich zu sehen, was die Anordnung der Himmelskörper zu einem bestimmten Zeitpunkt über jeden Menschen persönlich aussagt. Zu bestimmten Anlässen nahmen wir in der Vergangenheit bereits Sashantas Wissen in Anspruch. Wir erfuhren, wo wir noch Potenzial haben, das gelebt werden möchte, und wann kosmische Einflüsse uns dabei besonders unterstützen.

Nun schrieb sie in ihrer Zusammenfassung:

> *„Es ist sehr berührend zu sehen, wie klar sich darstellt, dass Taro seine Ziele, Visionen und Aufgaben für seine Inkarnation erfüllt hat und auf leichte Weise in die nächste Ebene wechseln durfte. In Bezug zu Deinem Horoskop steht im Mittelpunkt, dass er in Dir die Stärke gesehen hat, dass Du Dein Leben nun auch ohne seine physische Präsenz führen kannst.*
>
> *Er weiß Dich getragen und konnte daher loslassen. Dabei wird deutlich, dass er vor allem darauf setzt, dass Du Lilith und Mond verbinden kannst und die volle weibliche Kraft der Weisheit in der reiferen Lebensphase leben kannst und das noch eine spezielle Aufgabe für Dich ist.“*

Festlicher Abschied

In den nächsten Tagen würden wieder meine Kinder anreisen, denn am Samstag, dem 2. März, war die Trauerfeier für elf Uhr angesetzt. Am Freitag waren endlich auch mein Schwiegersohn Markus und meine drei Enkel Samuel, Sebastian und Simon aus dem Allgäu angekommen. Sie würden gleich die ganze nächste Woche bleiben, denn in Süddeutschland gab es, ebenso für die Hamburger Schüler, Ferien. Karl kam ebenfalls am gleichen Tag an. Alles passte wieder perfekt.

Wir wussten, dass sich rundum in den Orten ein großer Teil unserer Familien und Freunde bereits eingemietet hatten. Am Morgen dieses denkwürdigen Tages lief es Hand in Hand. Jeder nahm seinen Platz in dem Vorbereitungspuzzle ein. Die Eltern meiner Schwiegertochter Katharina holten die Brötchen vom Bäcker, die in der Dorfgemeinschaftshalle belegt wurden. Dort herrschte emsiges Treiben beim Tischdecken, Kuchenschneiden, Kaffeekochen. Ebenso waren einige in der Kirche aktiv. Jörg und Tanja erledigten für mich das Abholen der Blumen für die Kirche, die zu Taros Bild gestellt werden sollten. In unserem Haus trafen wir Vorbereitungen für das Zusammensein im Anschluss im Kreis von Familie und weit gereisten alten Freunden.

Bevor wir zur Kirche aufbrachen, hielt ich einen Moment inne, um mich mit meiner inneren Kraftquelle zu verbinden.

Meine Kinder begrüßten die Neffen und Nichten, die ein paar Meter entfernt vor der Kirche warteten.

Ich winkte ihnen kurz zu, weil ich in den eventuellen vielen Umarmungen meine Fassung nicht wieder verlieren wollte, und begab mich gleich zum Eingang. In ein paar Minuten wollte ich ausgerichtet in mir meinen Part im Programm der Trauerfeier erfüllen. Am Eingang begrüßte ich Frau Rennhack, den einen mir bereits bekannten Bestattungsmitarbeiter und stellte mich dem anderen vor. Ich sah die vielen mir vertrauten oder auch einige unbekannte Menschen sitzen und nickte manchen zu, als ich den langen Gang auf den Sarg zuschritt. Wir hatten in den Anzeigen um Verzicht auf Grabschmuck und Blumensträuße gebeten. Stattdessen konnte jeder mit einer Rose seiner Liebe zu Taro Ausdruck geben, indem er den Sarg damit schmückte.

Auch hatten wir freigestellt, je nach Bedarf farbige Kleidung zu tragen. Als ich vor dem reich mit Rosen geschmückten Sarg stand, steckte ich meine magentafarbene Rose zu Taros Füßen in die bunte Vielfalt der Blumenfülle und setzte mich anschließend auf meinen Platz in der ersten Bankreihe.

Ich drehte mich um. Hinter mir war eine Reihe frei und in den weiteren Reihen saßen meine Schwestern mit ihren Familien. Dahinter weitere viele liebe bekannte Gesichter. Ich winkte ihnen kurz zu. Mich durchströmte Dankbarkeit und ein Hauch Freude, dass sie da waren.

Auf der anderen Seite wusste ich Taros Familie mit all ihrer Unterstützung für uns. Auf der Empore entdeckte ich den Posaunenchor. Meine Kinder kamen herein, setzten sich neben mich. Die Schwiegerkinder und Enkel saßen ebenfalls auf der Seite in der ersten Reihe, wo auch das Klavier stand.

Ich richtete das Zubehör für das Feuer-Ritual, das vor dem Sarg stattfinden würde, her und dann begann der Posaunenchor „In dir ist Freude" zu spielen, während Karl hereinzog. Dann sangen wir das Lied alle zusammen. Ich glaube, wir sangen es auch bei der

Beerdigung meiner 92-jährigen Mutter. Sie wünschte sich damals viel Musik und fröhliche Lieder.

Wichtig ist, dass Trauer Raum hat. Jedoch hat alles zwei Seiten. Ich liebe es, ebenso der anderen Seite, der Freude, Aufmerksamkeit zu schenken, denn sie ist genauso in uns. Beiden Polen einen liebenden Platz in unserer Erfahrungswelt zu geben, ist heilsam.

Mein Feuer-Ritual nach Karls einleitenden und meinen hinführenden Worten veränderte augenblicklich die Atmosphäre in der Kirche. Die sanfte liebevolle Schwingung der kleinen Flamme nahm die Schwere und machte das Herz weit. Über viele Jahre hatte ich die Gelegenheit zu erkennen, dass der Verstorbene weiterlebt, auch wenn er nicht mehr körperlich als Mensch für uns da ist. Rohana führte uns meditativ in Kontakt mit Taros Lichtpräsenz. In ihr fühlte ich mich aufgehoben und geborgen. Nach der Trauerfeier umarmte mich tief berührt ein Gast mit den Worten: „Taro war wirklich bei mir. Er hat seine Hände auf meinen Kopf gelegt und mich geheilt." Eine ungewöhnliche Erfahrung für diesen Menschen. Ähnliche Feedbacks erreichten mich im Nachhinein. Andere Teilnehmer fanden eher in den Worten Trost und Nahrung auf der ihnen vertrauten Ebene des Verstandes. Unbefriedigt blieb jemand, der den gewohnten Ablauf anhand der Bestattungsagende der Evangelisch-Lutherischen Kirche erwartet hatte.

Mit dem anschließenden von mir geliebten Kanon von Pachelbel auf dem Klavier erfüllte Karsten mir einen Musikwunsch, den ich in diesem Augenblick nur schwer genießen konnte.

Karl nahm in seiner Ansprache analog zu dem von ihm gewählten Bibeltext Bezug auf Taros heilende Qualitäten. Es war ein außergewöhnlicher Text, der von den in der Beerdigungsagende empfohlenen Texten nicht so oft zum Einsatz kommt, wie mir von theologischen Fachleuten erzählt wurde. Hier passte er. Aus der Bibel las Karl aus dem Markuskapitel 7, 31 ff.

> *„In jener Zeit verließ Jesus das Gebiet von Tyrus und kam über Sidon an den See von Galiläa, mitten in das Gebiet der Dekapolis. Da brachte man einen Taubstummen zu Jesus und bat ihn, er möge ihn berühren. Er nahm ihn beiseite – von der Menge weg –, legte ihm die Finger an die Ohren und berührte dann die Zunge des Mannes mit Speichel; danach blickte er zum Himmel auf, seufzte und sagte zu dem Taubstummen: Effata, das heißt:*
>
> *Öffne dich!*
>
> *Sogleich öffneten sich seine Ohren, und seine Zunge wurde von ihrer Fessel befreit, er konnte wieder reden."*

Wie oft konnte Taro die Herzen seiner Patienten berühren und sie öffneten sich für die ihnen innewohnenden Kräfte und fanden Mut zu neuen Schritten.

Im Nachhinein konnten wir Karls in mehrere Richtungen verbindende Worte in seiner Trauerrede noch einmal in Ruhe nachlesen.

> *„Herr, öffne unser Ohr und unser Herz!*
>
> *Familie Möller-Titel, liebe Angehörige und Zugehörige!*
>
> *Das Evangelium, das wir eben gehört haben, führt uns direkt zu Taro. Er war Mediziner und Arzt, aber er verstand*

sich als Heiler. Er wusste, Heilung eines Menschen ist mehr als seine Genesung. Dabei eliminierte er keineswegs die wissenschaftliche Erkenntnis. Aber er wusste, zur Heilung eines Menschen gehört die direkte Zuwendung und die Berührung (Jesus nahm den Taubstummen beiseite, von der Menge weg und berührte ihn). Er wusste, zur Heilung eines Menschen gehört eine spirituelle Haltung, gehört das Sich-Öffnen (Jesus sprach zu dem Taubstummen: Effata – öffne dich!). Zu der Taufliturgie meiner Kirche gehören nach der Taufe die deutenden Zeichen: das Taufkleid, die Taufkerze, die Salbung mit dem Chrisam und das Berühren des gerade Getauften an Ohr und Mund – und begleitend wird dazu gesagt:

‚Der Herr lasse dich heranwachsen, und wie er mit dem Ruf Effata den Taubstummen die Ohren und den Mund geöffnet hat, öffne er auch dir Ohren und Mund, dass du sein Wort vernimmst und den Glauben bekennst zum Heil der Menschen und zum Lobe Gottes.'

Wir wissen heute viel über die vorgeburtliche Entwicklung des Menschen, die wir alle durchlebt haben. Fremd und doch tief vertraut muten uns die Bilder des wachsenden Embryos an. Seine Gesamtgestalt ist wie ein großes Ohr, ein Ohr, das lauscht – nicht nur auf das, was Menschen sprechen, sondern auch auf das, was Gott spricht, auf das Schöpferwort, das uns erschafft und gestaltet. Wir alle waren vor unserer Geburt einmal ‚ganz Ohr', offen für das Gotteswort.

Hörend sind wir Mensch geworden. Wie können wir unser inneres Ohr dem Wort wieder öffnen?

Vielleicht wird in unseren Gottesdiensten zu viel gesprochen und zu wenig geschwiegen. Unsere Kirchen, abseits vom Trubel, könnten ein stiller Raum des Hörens, der feineren Aufmerksamkeit sein. Und wenn Christus uns damals wie heute zuruft: ‚Effata – öffne dich!', dann spricht er das Lauschen in uns an, indem wir uns öffnen und hingeben wie einst vor unserer Geburt. Und vielleicht war es im Jahre 2001. Da hörte Friedrich den Ruf: ‚Effata – öffne dich', und nahm einen neuen Namen an: Taro – Taro heißt: glückliches Lächeln – und so haben wir ihn ja erlebt: ein Mann, der glücklich zu uns gelächelt hat und vielleicht oder ganz bestimmt uns jetzt aus einer anderen Welt zulächelt.

Durch zwei Tore musste er gehen, durch das Tor der Geburt und durch das Tor des Todes. Am 14. September 1948 erblickte er das Licht der Welt und am 20. Februar 2019, vor wenigen Tagen, kam seine irdische Pilgerschaft zu ihrem Ende.

Geburt und Tod – Anfang und Ende. Anfang bedeutet nicht nur, dass bis jetzt etwas nicht war, und von nun an ist es; sondern der Anfang ist ein Geheimnis: Im Anfang schlägt das Leben die Augen auf, und tritt in sich selbst und geht voran. Und wenn der Anfang rein ist und ungebrochen, dann liegt in ihm bereits die Fülle des kommenden Geschehens.

In Kasnevitz auf Rügen begann alles in einem evangelischen Pfarrhaus mit liebenden und fürsorglichen Eltern für die fünf Geschwister. Dort wuchs er behütet auf. Besonders mit seiner Schwester Ursula, auch sie war Ärztin, sogar meine Hausärztin, und ihrer Familie war und bin ich freundschaftlich sehr verbunden.

Taro hatte eine Zwillingsschwester, Annemarie. Ihre Erkrankung trug dazu bei, dass Taro sich nicht nur für Allgemeinmedizin, die er in Greifswald studierte, sondern sich speziell für die Psychiatrie und Neurologie entschied. Als Nervenarzt arbeitete er in Schwerin in der dortigen Nervenklinik – im Volksmund ‚Sachsenberg' genannt. In dieser Zeit habt ihr euch in der Schweriner Studentengemeinde engagiert, dort haben wir uns kennengelernt. Später nach eurer Ausreise 1989 arbeitete Taro in der evangelischen Stiftung Alsterdorf in Hamburg.

Schicksalhaft war zuvor die Begegnung mit dir, Sashima, 1973 habt ihr geheiratet.

Drei Kinder wurden euch geschenkt: Rohana 1976, auch sie ist Ärztin; Falk 1977 und Florian 1979. Ich bin sehr dankbar, Falk, dass wir uns in Hamburg oft sehen und gemeinsam vieles unternehmen (zum Beispiel das Wolfgang-Borchert-Projekt in unserer Kirche St. Joseph auf der Großen Freiheit oder demnächst ein Konzert in dieser Kirche mit Sasa). Euch Kindern war Taro ein liebender und guter Vater – auch natürlich streitbar, denn sein spiritueller Weg (euer spiritueller Weg) war für manchen von euch aus der Familie und aus der Verwandtschaft sicherlich auch eine Zumutung oder Herausforderung, wobei das Wort Zumutung auch etwas sehr Positives meint – es wird uns etwas zugemutet, zugetraut – und wer sein Ohr öffnet, hört Mut und Vertrauen heraus. So war Taro wohl auch ein Brückenbauer: in Familie und Verwandtschaft, zwischen Schulmedizin und Alternativen dazu, zwischen Christen seiner Herkunftskirche und spirituell-alternativen Gruppen. Und euch, den Enkelkindern, war Taro ein herzensguter Opa. Es war richtig und wichtig, dass einige von euch nach seinem

Tod ein paar Tage im Haus Abschied nehmen konnten. Ihr habt ihn gesehen und vielleicht auch berührt, ihr habt geweint und euren Schmerz gespürt. Mit eurer natürlichen kindlichen Art habt ihr den Erwachsenen in diesen Tagen geholfen. Es war gut, dass ihr da wart und dass ihr jetzt hier seid.

Seit 2001 habt ihr euren Lebensmittelpunkt in Hymendorf. Eure Praxis ist ein Lebensort für viele geworden. Meditationen und spirituelle Begleitung – eben Heilung – wurde euch zur gemeinsamen Aufgabe und zum Segen für viele Menschen – manche sind jetzt hier. Wir werden nachher noch beieinanderbleiben und können dann in Gesprächen unsere Erinnerungen vertiefen.

Durch zwei Tore musste er gehen, durch das Tor der Geburt und durch das Tor des Todes. Vielleicht müssen wir in unserem Leben durch mehrere Tore gehen:

Wir bezeichnen ja die Taufe auch als die zweite Geburt. Und wenn uns die Melodie, das Motiv unseres Lebens zugespielt wird, ein neuer Auftrag oder unsere Lebensaufgabe, dann wird auch etwas in uns neu geboren.

Ähnlich kann es sich auch mit dem Tor des Todes verhalten:

Wie oft sterben wir im Lauf unseres Lebens einen kleinen Tod; müssen etwas hergeben oder loslassen; wie oft müssen wir etwas von uns zu Grabe tragen: eine Hoffnung, einen Menschen, einen Plan – und danach kommt etwas ungeahnt Neues. Und dann das große oder letzte Tor des Todes: Da am Ende steht dann wieder etwas Bedeutungsvol-

les: die Vollendung. Auch sie meint nicht nur ein Äußerliches, etwa dass bisher etwas war und nun hört es auf, sondern auch Vollendung ist ein Geheimnis: dass nämlich dies Lebendige sein Maß erfüllt hat; dass es geworden ist, was ihm zugemessen war. Hier bricht nicht einfach etwas ab. Diese Erfüllung meint nicht nur ein Soundsoviel, sondern dass dieses Lebendige voll geworden sei an seinem Ende: geprägt und gültig – endgültig!

Und genau diese brutale Endgültigkeit macht uns zu schaffen. ‚Plötzlich und unerwartet' – so lesen wir es oft in Anzeigen. Und in der Tat, der Tod von Taro war für uns plötzlich und unerwartet.

Noch vor Kurzem wurde ihm nach einer Untersuchung bescheinigt: Er sei fit, und in der Tat, er fühlte sich fit, so fit, dass er überlegt hatte, noch etwas länger als geplant arbeiten zu wollen. Und dennoch glaube ich, dass er ein geöffnetes Ohr hatte, ein hörendes Herz und nicht unvorbereitet am 20. Februar durch das letzte irdische Tor, das wir Tod nennen, gegangen ist. Er hat zum Beispiel die Morgenandachten von Pastor Neubert-Stegemann vom 11. bis 16. Februar – also wenige Tage vorher – sehr interessiert und wach aufgenommen. Er ließ sich das Manuskript vom NDR zuschicken und beschäftigte sich sehr intensiv damit. Thematisch leuchtete in diesen Andachten das Bild des Schwans auf. Pastor Neubert-Stegemann sagte, der Schwan steht als Bild und Symbol auch für den Neuanfang, der gerade geschieht – welch eine prophetische Aussage! Das war doch kein Zufall, dass diese Andachten zu ihm kamen und er sein Ohr und sein Herz öffnete – das war doch auch eine dieser Zuspielungen, das war Fügung! An anderer Stelle lese ich, dass der Schwan wegen seines makellosen

Weiß als Symbol des Lichtes verstanden wird. Im späten Mittelalter wird er als Christussymbol geschaut, er singt, wenn er sterben soll ... Wir wollen nicht zu viel da hineininterpretieren, aber ahnungslos war Taro wohl nicht, wenn er noch am Sonntag und Dienstag vor seinem Tod sagte: ‚Das Leben ist leicht wie eine Feder.'

Das sagt man nicht ohne Grund zweimal. Ich war auch über das erstaunt, was du, Florian, gesagt hast: Ihr habt in seinen Hosentaschen viele kleine Zettel mit Weisheiten gefunden. Da sammelte einer Weisheiten – nicht Briefmarken oder Münzen, sondern Weisheiten hat er mit sich herumgetragen. Vielleicht stand ja auf einem seiner Zettel auch das schöne Wort des Propheten Jesaja:

‚Mache dich auf und werde licht, denn dein Licht kommt.'

Er hat sich aufgemacht! Für uns plötzlich und unerwartet. Für ihn aber war dieses Sich-Aufmachen die Fortsetzung seiner Reise.

Von unserer Verschiedenheit hier in der Kirche bei seiner Abschiedsstunde habe ich anfangs gesprochen. Vielleicht denkt mancher, die Reise führe ihn in ein Nichts; ein anderer, sie führe ihn in eine andere Lebensform; noch ein anderer glaubt vielleicht, am Ende seiner Reise eine endlose Wanderung beginnen zu dürfen oder einem Stern gleich am Himmel zu leuchten. Ich glaube, der Tod hat nicht das letzte Wort, sondern die Liebe. Gott ist die Liebe und nichts kann uns trennen von der Liebe Gottes – auch nicht der Tod. Lassen wir ihn also los – den Ehemann, Vater, Schwiegervater und Opa, Bruder, Onkel, Schwager und Freund, den Arzt und Kollegen, den Nachbarn und spirituellen Begleiter – und den Bruder in Christus – lassen wir ihn los, den Menschen:

Dr. Taro Friedrich Möller-Titel, und legen ihn in Gottes Hand – da ist er gut aufgehoben!

Ein Arzt ist uns gegeben, der selber ist das Leben; Christus, für uns gestorben, der hat das Heil erworben.

Und der Friede Gottes, der höher ist als alles Begreifen und unsere Vernunft, bewahre unsere Herzen und Sinne in Christus Jesus. AMEN.

Das letzte Bild, das er schaute und dem er sich öffnete, war der Schwan. Und wenn Falk uns jetzt ‚Der Schwan' aus ‚Karneval der Tiere' spielt, dürfen auch wir uns öffnen für unsere inneren Bilder."

Schmunzeln musste ich, während Karl über Taros Namensbedeutung redete. Wie Karl darauf kam, dass er „Glückliches Lächeln" bedeuten würde, weiß ich nicht. Vielleicht, weil er beim Schreiben seiner Trauerrede ein Foto von Taro mit einem Lächeln aus seinem tiefsten Seelenkern vor sich stehen hatte? Der spirituelle Name drückt die Lebensabsicht aus, das, was erfüllt werden möchte, das, was dieser Mensch als Wesen mitbringt. Wenn man ihn benutzt, erfährt das feinstoffliche System der Person gleichzeitig eine anregende Erinnerung daran.

Taros Name bedeutet: Der in Gleichmut Gott dient.

Als Falk im Anschluss den „Schwan" mit der wunderbaren Begleitung von Karsten spielte, ertönte kurz ein lautes Schluchzen durch den Kirchenraum. Für mich war es beseelte Musik, die andere in ihrer Seele berührte. Nicht wegen ihrer technischen Perfektion oder weil sie Emotionen ausdrückt oder anspricht. Sie kommuniziert in einer Tiefe von einer lichtvollen Seelenebene zur anderen.

Ich mag kaum noch in Konzerte gehen oder Kunstausstellungen besuchen, weil mir diese Qualität dort oft fehlt. Je tiefer jemand mit seinem Seelenlicht verbunden ist, desto mehr findet es im Außen Ausdruck und berührt andere Seelen in der individuellen Stärke ihres Wesens.

Eine Sorge bestand vor der Trauerfeier, wie wohl der kleine Jonas diese Elf-Uhr-Veranstaltung überstehen würde. Es war seine gewohnte Schlafenszeit und er konnte sehr ungnädig werden, wenn sie ausfiel. Seine Mutter wollte in dem Fall mit ihm rausgehen. Zu unserem Erstaunen erheiterte er die Gemüter, indem er ab und zu die in der Kirche vorhandene Spielecke verließ, vor den Sarg lief und seine Rose aus dem Arrangement herauszog. Damit lief er eine Weile umher und steckte sie dann wieder hinein. Das Spiel wiederholte sich mehrmals. Es holte wieder den Tod mitten ins Leben.

Viele Menschen gingen nun nach vorn in den Altarraum, um mit einem brennenden Teelicht ihren individuellen Dank an Taro auszudrücken, während sie es auf das hölzerne Kreuz platzierten.

Hier erfüllten unsere ältesten Enkel ihre Aufgabe, indem sie zum Entzünden der Teelichte eine große Kerze bereithielten. Lange erklang bei dieser Zeremonie der zweistimmige Halleluja-Gesang der Trauergemeinde und breitete sein Schwingen aus in die Herzen der Anwesenden. Einer berichtete mir, dass genau dieses Erlebnis ihm so gutgetan hätte.

Während der Trauerfeier zeigte Karl, unser Pfarrer, wo noch ein Platz für das Teelicht ist, das jemand als Ausdruck seiner Dankbarkeit für Taro aufstellen konnte.

Die Erfahrung, dass Unterschiedlichkeit nicht ausgrenzen muss, sondern in einer gemeinsamen Ausrichtung viel bewegt. Hier war es der Zusammenfluss von evangelischem und katholischem Christsein, Atheismus und freier Spiritualität. Für mich ergab sich dabei die Gelegenheit, Anwesende einzeln zu erkennen oder durch ein Lächeln, Zunicken oder eine Umarmung an meinem Platz persönlich wahrzunehmen, was sonst bei mehr als 200 Menschen nicht so möglich gewesen wäre. Nicht alle konnten später am gemeinsamen Kaffeetrinken teilnehmen.

Wir hatten uns für ein Gebet entschieden, das alles verbindet.

„Du, der du uns Vater und Mutter bist, dein Name werde in Gedanken, Worten und Werken allezeit gepriesen.

Dein Reich sind alle Schöpfungen, auch wir.

Lass uns mit deiner Gnade und unserem Mühen deine Herrlichkeit in uns aufscheinen.

Dein und unser Wille seien eins, damit Friede und Freude herrschen.

Deine Liebe, von der alles lebt, sei mit uns immerfort.

Vergib uns unsere Schuld, wie wir Vergebung üben.

Wenn wir durch die Prüfungen des Lebens gehen, lass uns bestehen.

Erlöse uns von dem, was uns von dir trennt.

Dein Reich, dich, deine Kraft und Herrlichkeit wollen wir schauen in Ewigkeit.

Amen.“

Nach diesem Gebet, das uns in den letzten Jahren immer mal wieder begleitet hat, sang Karl aus seiner katholischen Tradition:

„Zum Paradies mögen Engel dich geleiten,
die heiligen Märtyrer dich begrüßen,
und dich führen in die Heilige Stadt Jerusalem.
Die Chöre der Engel mögen dich empfangen,
und durch Christus, der für dich gestorben,
soll ewiges Leben dich erfreuen."

In diesem Moment war es unwichtig, dass ich mit Märtyrertum nichts anzufangen wusste oder ob es meiner momentanen Wahrnehmung entsprach, was Karl zum Abschluss sang. Es war die Liebe und Hingabe, mit der er es sang, die diese Feier abrundete.

Frau Rennhack begann, die vielen Rosen vom Sarg in Vasen zu stellen. Es schien eine endlos lange Tätigkeit zu werden. Ich stand auf, um ihr dabei zu helfen. Meine Kinder, Nichten, Neffen und andere folgten mir und füllten die Vasen. Wir vereinten uns in diesem gemeinsamen Wirken.

Meine Rose blieb einzeln als Schmuck auf dem Sarg zurück. Ich erschrak, als sich plötzlich alle Anwesenden mit einem raschelnden Geräusch von ihren Plätzen erhoben. Es war das Zeichen, dass es zu Ende ging. Die Träger kamen herein und fuhren den Sarg aus seiner Position heraus.

Ich atmete tief durch, besann mich auf meinen inneren Halt, denn jetzt war der Zeitpunkt gekommen, im Trauerzug hinter Karl dem

Sarg zu folgen. In meiner Erinnerung war dies meistens ein schmerzhafter Teil bei Beerdigungen. Bei Glockengeläut zogen wir so aus der Kirche aus.

Unsere Söhne haben oft bei Beerdigungen in der Familie oder auch bei Freunden, meistens zusammen mit ihren Cousins, den Sarg zum Grab getragen. Vor der Kirchentür nahmen nun unsere Neffen den Sarg in Empfang, trugen ihn bis zum wartenden Bestattungswagen und schoben ihn hinein. Die Türen schlossen sich. Langsam setzte er sich in Bewegung und entschwand an der Abbiegung unseren Blicken. Es war ein Übergang zum freudigeren Teil des Tages, als viele, zwar mit Tränen in den Augen, mir und meinen Kindern mit einer Umarmung oder Händeschütteln ihr Mitgefühl ausdrückten.

Kann das Zelebrieren eines würdevollen Abschieds nicht auch Freude bedeuten, genauso wie die Ankunft eines neuen Menschen? Trauer und Freude liegen nah beieinander. Im Nachhinein kann ich sagen: „Dieser Tag war ein Fest." Auch diesen Abschiedsschritt haben wir festlich gestaltet. Auf einem Tisch in der Dorfgemeinschaftshalle stand Taros Foto geschmückt mit Rosen von seinem Sarg.

Das nachmittägliche Kaffeetrinken in der Halle hatte überhaupt keine Stimmung von Beerdigungskaffee, wie mir mehrfach hinterher beteuert wurde. Für viele war es ein freudiges Wiedersehen. Da fanden sich gegenüber am Tisch plaudernd Freunde aus Essen und jemand, der früher mal in Essen gewohnt hat. Menschen aus unseren vergangenen Lebensabschnitten mischten sich mit manchen, die uns in der Gegenwart begleiten. Es waren so viele Gäste und Helfer, dass ich gar nicht die Gelegenheit hatte, mit allen zu reden. Und doch genoss ich es, sie alle um mich zu haben, wenn auch nur für diese wenigen Stunden.

Wer wollte, konnte eine Meditations-CD mit nach Hause nehmen. Taro hatte sie mal auf Wunsch seiner Patienten, unterlegt mit Musik und zusätzlicher Einschlafmusik, von unserem Sohn Florian in dessen Studio produzieren lassen.

Vorher wurde ich oft gefragt, ob Taro denn krank gewesen sei. Ich vertröstete auf eine Antwort für alle beim Kaffeetrinken. Falk sorgte für eine funktionstüchtige Anlage und Mikrofon. So konnte ich alle gemeinsam begrüßen und mich für ihr Kommen bedanken. Ich berichtete von Taros Gesundheitscheck Monate zuvor bei seinem Hausarzt. Dieser beschloss die Untersuchungen mit dem Ausspruch: „Du bist gesund wie ein junger Zuchtbulle!"

Eine Freundin hatte sich allerdings über Taros verändertes Aussehen auf Facebookfotos ein paar Wochen vor seinem Tod gewundert, wie ich später von ihr erfuhr. Unsere Dorfheilpraktikerin fand bei einem adventlichen Treffen seine Schläfen sehr eingefallen, was sie für Anzeichen hielt, dass es ihm nicht gut ging. So gibt es verschiedene Parameter, die außerhalb ärztlicher Wissenschaft auf einen Zustand hinweisen können.

Wenn jemand stirbt, taucht für die nahen Angehörigen möglicherweise die Frage nach Schuld oder Versäumnissen auf. Ich blieb von dieser Frage jedenfalls nicht verschont.

Wenn ich doch mit ihm spazieren gegangen wäre, dann ...

Hätte ich mich doch auf dem kalten Boden dicht neben ihn gelegt, um ihn zu wärmen, dann ...

Wenn ich doch dem komischen Gefühl nachgegangen wäre, als ich den Arm über seinen Brustkorb legte, dann ...

Wenn ich ihm doch noch jenen Wunsch erfüllt hätte, dann ...

Hätte sein Tod nicht verhindert werden können, wenn ...

Gewissensbisse plagten mich über lange Zeit immer wieder. Jedoch wusste ich in meinem tiefsten Innern, dass es genauso richtig war, wie es war. Diesen Satz konnte ich in dem Moment auch zu meinen Kaffeegästen sprechen. Ich ermunterte dazu, diese Gelegenheit mit dem Mikro zu nutzen, wenn jemand über Geschichten und Begebenheiten mit Taro berichten wollte.

Nicht immer klappt bei der Organisation von Festen alles hundertprozentig. Es tat mir leid, dass sich unsere fleißigen Helfer aus der Nachbarschaft in einen entfernteren Raum zum Kaffeetrinken setzten, wo doch an dem „Familientisch" noch alles frei war. In unserem Dorf ist es üblich, dass dort die Familie sitzt. Unsere Kinder und Enkel hatten sich allerdings überall unter die Gäste gemischt. Die Helfer wären mir in meiner Nähe ebenfalls sehr willkommen gewesen.

Wieder musste ich loslassen, als sich die ersten Gäste verabschiedeten. Nach und nach löste sich alles auf. Von der Nacharbeit in der Küche und vom Aufräumen entlasteten mich Nachbarn und Freunde. Die wenigen Schritte vorbei am Bauernhof nach Hause trennten das eine Geschehen vom nächsten Zusammensein. Hier war alles vorbereitet für etwa 50 Familienangehörige und von weither angereiste Freunde. Wie schön, dass es nun weitergehen konnte. Fast alle unsere Nichten und Neffen, Geschwister, Schwägerinnen und Schwäger standen uns zur Seite. Ich genoss es, in eine große Familie eingebunden zu sein, denn im Alltag war es kaum möglich, permanent Kontakt zu allen zu halten. Dieses Zusammenspiel jedoch funktionierte wie eingeübt auch nach längeren Wiedersehenspausen.

Da gab es die mitgebrachten großen Töpfe voller Suppe und unsere eigenen mit der Kürbisvariante. Mühelos konnten alle Mittagsgäste im Haus mit Selbstgekochtem bewirtet werden. Ich erinnerte mich an unsere DDR-Vergangenheit, wo gastronomische Versorgung nur begrenzt vorhanden war. Eine bunte Mischung von mir über viele Jahre lieb gewordenen Menschen umgab mich. Manch einer freute sich, unsere Kinder jetzt erwachsen zu erleben, noch dazu mit einer Schar eigener Kinder. Ich erinnerte Beerdigungen so, dass man sich immer auf das anschließende lockere Zusammentreffen freuen konnte, mit Menschen, die man lange nicht gesehen hatte.

Müde, aber erfüllt endete der Tag für mich. Traurig ohne Taro, auch wenn ich wusste, dass er alles mitbekam, was hier passierte. Vielleicht hat irdisches Geschehen für ihn an Bedeutung verloren und seine Erfüllung liegt jetzt ganz woanders. Die Zeit, in der ich ihn als Wesen in diesem neuen Zustand wahrnehmen würde, mal etwas mehr, mal weniger, sollte noch kommen.

Bewegendes Zusammenwirken

Eine intensive Woche lag vor uns. Anna, Falk und Katharina rief die Arbeit zurück in die Heimat. Unseren jüngsten Sohn Florian bestärkte ich in seiner Idee, den kleinen Jonas mit seiner Schwester Miriam hierzubehalten. So bot sich die willkommene Gelegenheit, den bereits von Anna begonnenen Abstillversuchen Nachdruck zu verleihen.

Im Zimmer nebenan schlafend hörte ich in einigen Nächten nachts den unglücklichen Jonas ohne seine gewohnte Milch jammern. Um ihn bei diesem Entwicklungsschritt zu unterstützen, hüllte ich ihn in Geborgenheit spendendes Licht ein. Durch meine zahlreichen Seminarerfahrungen erschlossen sich mir solche Möglichkeiten und je tiefer ich mit mir verbunden war, kamen nach und nach auch meine ganz eigenen Stärken immer mehr zum Tragen. So, als würden wir in der Werkstatt das passende Werkzeug im Regal finden, stehen jedem Menschen individuelle Fähigkeiten und Talente für unterschiedliche Aufgaben zur Verfügung. Sind sie aus dem Vergessen befreit, werden sie zum Segen für uns und andere. Glücklicherweise fand ich verschiedene Lehrer dafür, deren Türen zu entsprechenden feinstofflichen Wissensräumen geöffnet waren. Von meinem persönlichen Lehrer, der mich bereits aus Urzeiten durch die Höhen und Tiefen meiner Existenz in meine Vollständigkeit führte, fühlte ich mich in dieser Zeit besonders getragen. Als Seele in einem menschlichen Körper steht uns eine reiche Gefühlswelt zur Verfügung. Das Verbundensein mit unserem Licht erleichtert es uns, dass wir uns nicht an unsere Emotionen binden. Ich fühlte meinen Schmerz jetzt intensiv, war aber nicht von meinem Licht abgeschnitten. Er war noch gebunden an Erfahrungen in meinen vergangenen Leben, die später noch Erlösung finden sollten.

Drei Tage nach der Trauerfeier war die Verbrennung im Krematorium in Cuxhaven geplant. Auf der Seelenebene kommunizierte ich bereits mit Taro. Ich fragte ihn in der Meditation, ob noch vor der Übergabe an das Feuer für etwas gesorgt werden sollte. Er bat mich, noch das Zellbewusstsein aus seinem Körper zu lösen und dem Licht zu übergeben. Dieser Wunsch war für mich ganz leicht zu erfüllen, fiel er doch in den Bereich mir vertrauter energetischer Arbeit. Im Krematorium erzählte unser Begleiter im schwarzen Anzug über spezielle Bedingungen des unter Denkmalschutz stehenden Gebäudes und erläuterte uns den Ablauf, bevor er uns in den Abschiedsraum führte. Auch die Enkel hörten interessiert zu und stellten ihre Fragen. Als sich die Tür zum Raum für uns Angehörige öffnete, war ich angenehm überrascht. So eine liebevolle Atmosphäre hatte ich nicht erwartet. Auf den niedrigen Mauern rundum brannten zahlreiche Teelichter. Auch wenn es taghell war und es keiner weiteren Beleuchtung bedurfte, spürte ich darin eine herzerwärmende Zuwendung. Wir setzten uns seitlich neben die Vorrichtung, die den Sarg hineinschob. Ich ließ mich auf den letzten Moment ein, der mich so gnadenlos mit der Realität des toten Körpers von meinem Mann konfrontierte. Schon bald gab die sich öffnende Ofentür den Blick in das Feuer frei. Ein technisches Geräusch ertönte und der Sarg glitt hinein. Einen kurzen Augenblick sahen wir, wie die Flammen um das helle Lindenholz züngelten, bis sich die Öffnung wieder schloss. Wieder schüttelte mich die Endlichkeit, die sich in diesem Geschehen ausdrückte.

Wir verließen diesen besonderen Ort und machten uns auf den Weg zu einem gemeinsamen Mittagessen in einem kleinen Lokal, denn danach gab es einen weiteren Akt zu bewältigen. Solange meine Kinder noch bei mir waren, wollte ich den Behandlungsraum in der Cuxhavener Praxis mit ihnen zusammen auflösen. Mein Schwiegersohn fuhr mit den größeren Kindern nach Hause.

Rohana, Florian, der kleine Jonas und ich begaben uns in die Praxis. Als wir sie betraten, erblickte ich den liebevoll hergerichteten Stehtisch neben dem Anmeldebereich. Darauf sah ich ein Foto von Taro mit einem Trauerflor neben einer brennenden Kerze. Auch die Rose fehlte nicht, um die er jede Woche frisch auf seinem Schreibtisch immer gebeten hatte. Ich warf einen kurzen Blick in das Kondolenzbuch, in dem ich betroffene und berührende Einträge fand.

Mit einer Umarmung wurde ich von Mitarbeitern mitten im Praxisgeschehen begrüßt. Als Taro an jenem Donnerstag nicht mehr in die Praxis kam, waren auch sie geschockt gewesen. Die Mittagsbesprechung, bei der Taro ebenfalls an diesem Tag fehlte, war erfüllt von Trauer und dem Erzählen von Erlebnissen mit ihm. Mit einer Mischung aus Fürsorge und Humor zauberte er manchmal aus der Tasche seines Jacketts den Anhänger eines Teebeutels mit einem Spruch hervor, der zu der geschilderten Situation des Mitarbeiters erstaunlich gut passte. Er hatte seine Besonderheiten, die mitunter dem Ruf eines „verrückten" Psychiaters gerecht wurden. Beim Sichten seiner Habseligkeiten im Behandlungszimmer musste ich anlässlich seiner Sammlungsfreude ab und zu tief durchatmen.

Wenn jemand tot ist, fällt das Entsetzen darüber milder aus als mitten im Leben und macht mitunter einer amüsierten Note Platz. Da gab es nicht nur Reflexhammer, Akupunkturtafel, Ordner und Schreibutensilien, sondern auch in einer Schublade Steine und Federn, die er manchem Patienten mit einem Spruch oder einer damit verbundenen Aufgabe überreichte. In diesen gesammelten Werken kam seine Originalität zum Ausdruck. Die medikamentöse Behandlung ergänzte er gern durch die Lichtreise, in der er die Verbindung zur eigenen Herzensliebe stärkte.

Taro in seinem Praxisalltag in Cuxhaven.

Er bat mitunter auch seine Patienten, zu Hause zu malen, sich in Bildern auszudrücken und fand so Zugang zu ihren unbewussten Belastungen. Es kam vor, dass ein Patient sich erst auf einem Spaziergang öffnen konnte, weshalb Taro sich manchmal mitten im Praxisalltag für die bewegende Therapieform entschied. Wenn es sich ergab, nutzte er auch die Bildsprache der Märchen, die mit ihrer Magie das Unbewusste berührt. Märchenbücher aus verschiedenen Kulturen füllten zu Hause das Bücherregal. Immer wieder musste ich Taro erinnern, das Grimm'sche Märchenbuch aus meiner Kindheit wieder mitzubringen, damit es nicht im Praxisalltag verschwand. Sein besonderer Bezug zu Märchen drückte sich in einem Erlebnis bei einem Treffen in einem Seminarzentrum aus. Wir hatten gerade das Haus betreten, als uns eine uns nahestehende junge Hebamme entgegenkam. Eine freudige Begrüßung folgte mit den Worten: „Ach, Taro, erzählst du mir wieder ein Märchen?" Es war noch Zeit bis zum Seminarbeginn und so ließen sie sich auf dem Sofa vor dem Büro nieder. Schnell schloss sich eine andere Interessierte an und die spontane Märchenstunde begann.

Die mitgebrachten Umzugskartons füllten sich. Zwischendurch schauten mal Kollegen herein, um uns zu begrüßen. Manch einer nahm gern Taros Blütenessenzen, anderes unterstützendes Material oder Bücher mit, wenn unsere Tochter, ebenfalls tätig in der Psychiatrie und Psychotherapie, es nicht selbst brauchte. Wir waren froh, als am nächsten Tag während unserer Tätigkeiten eine Mitarbeiterin sagte, dass wir nur Taros persönliche Dinge mitnehmen oder entsorgen müssten und sie sich um den Rest kümmern würde. Erleichtert nahmen wir das Angebot an.

Zu Hause warteten bereits die nächsten Herausforderungen auf uns. Sein Kollege, Mitgesellschafter und Geschäftsführer, fragte von seinem Rückflug aus dem Ausland an, ob wegen wichtiger erforderlicher Unterschriften von mir ein Treffen kurzfristig möglich wäre. Er wusste aus einer ähnlichen Erfahrung, welche Schritte beim Ausscheiden aus der Praxis kurzfristig erfolgen mussten, denn ein Jahr zuvor war ein junger Ergotherapeut, ein Mitgesellschafter, ebenfalls ganz plötzlich verstorben.

Am Nachmittag vor der Beisetzung setzten wir uns, ungestört von bereits anwesender Familie, in meinem Behandlungsraum in unserem Zentrum für ganzheitliche Heilung zusammen. Glücklicherweise war auch unser Steuerberater in der Lage, spontan ein Treffen einzurichten. Mit unserer Tochter, einem unserer anwesenden Söhne und den beiden Herren konnten wir die notwendigen Dinge regeln. Ich war froh, dass meine Kinder dabei waren, die aus den Erfahrungen ihrer beruflichen Tätigkeiten wichtige Punkte ergänzten oder Fragen stellten.

Immer wieder waren wir erstaunt, wie sich Abläufe ergaben. Ich kenne das aus meinem Leben. Es löst oft Erstaunen aus und ist zutiefst befriedigend, wenn das Gefühl einer ordnenden Hand oder eines ganzen Netzwerkes im Hintergrund spürbar ist. In solchen Momenten fühle ich mich geführt. Auch wenn mein ganzes Energiesystem noch vom Schock aufgewühlt war, gab es doch den Teil in mir, der sich absolut auf diese Führung einlassen konnte. Jahrelang hatte ich sie eingeübt, manchmal mit rationalen Erwägungen, um eine Entscheidung ringend, aber immer offen für innere Führung. Ich bin ebenfalls in einem Pfarrhaus aufgewachsen mit einem durch Kriegserfahrung um den Dienst an Gott und den Menschen äußert engagierten Vater, dem wenig Zeit für seine Kinder blieb. Deshalb war in unserer großen Familie eher meine Mutter meine Bezugsperson. In dem täglichen Miteinander und aus den Erzählungen aus ihrem Leben konnte ich hautnah erleben, wie sie sich geführt fühlte. Aus solchem Grund kam sie nach dem Krieg vom Westen in den Osten Deutschlands. Genauso entschied sie sich später, meinen Vater zu heiraten, einen Witwer mit vier zum Teil schon pubertierenden Kindern. Die Liebe zwischen ihnen entwickelte sich, als sie die Gewissheit hatte, dass sie füreinander bestimmt waren.

In unserer modernen Welt ist ein solches Vorgehen heute, außer vielleicht in Indien oder manchen Naturvölkern, kaum denkbar. Später, besonders auch, als es um Taros und meine Entscheidung zur Ausreise ging, hörte ich schon mal den Satz von meiner Mutter: „Habt ihr denn das Gefühl, dass euer Vorhaben auch geführt ist?“ Von mir folgte dann eher ein etwas genervtes „Jaaa!“, hinterließ aber trotzdem eine Spur von Nachdenklichkeit, ob wir diesen Gesichtspunkt wirklich ausreichend bedacht hätten. Es war mir sozusagen in „Fleisch und Blut“ eingraviert, diesen Aspekt mit im Auge zu behalten. Auch als sie in einer Situation, in der ich nach einjähriger Beziehung unsicher wurde, ob ich wirklich mit diesem Mann mein Leben lang verbringen wollte, fragte: „Ist er nicht ein bisschen zu langweilig für dich?“ Da auf einmal entfaltete sich diese tiefe Gewissheit in mir: „Ja, wir gehören zusammen und heiraten.“

Es hat nichts damit zu tun, fremdgesteuert zu sein. Gott ist für mich kein alter Mann mit Bart, der mit einem Taktstock alles dirigiert. Vielleicht war er das in manchen meiner Kindheitstage, aus denen dann aber meine eigene Form von Verbundenheit mit Gott gewachsen ist. Ich erlebe Göttlichkeit als lichtvolles liebendes Bewusstsein, das alles durchdringt: Pflanzen, Tiere, Menschen, Planeten, ja, das ganze Universum. Wenn ich diesem Licht freien Fluss in mir gewähre, indem ich Hindernisse aus dem Weg räume, kann eine Interaktion stattfinden mit allem, was mit dieser Essenz verbunden ist. Es finden sich auf einer unbewussten Ebene die Netzwerke, die eine Aktion unterstützen. Andere Menschen, Tiere, Wesen und Pflanzen agieren im freien Fluss aus sich heraus. Es ergibt sich vielleicht eine Handlung bei mir oder anderen, die dadurch ausgelöst wird, dass jemand an seinem Platz im richtigen Moment das Richtige tut.

Es ergibt sich Synchronizität in einem für uns meistens nicht äußerlich sichtbaren Netzwerk. So entsteht für mich gemeinschaftliches Zusammenwirken, weil alles miteinander verbunden ist, in seinem Ursprung also Einheit.

In diesen Tagen um Taros Tod umgab uns eine Magie dieses Zusammenwirkens. Nie im Leben hatte ich das so intensiv gespürt. Vielleicht war es durch mein durcheinandergeschütteltes System eher möglich, meinem Kopf einen nachgeordneten Rang zu geben und mich meinem intuitiven Teil hinzugeben.

Wie kam es, dass Eckhard sich nach vielen Jahren der Kontaktpause ausgerechnet am Tag nach Taros Tod zum Vereinbaren eines Treffens meldete? Es mag tausend Verstandeserklärungen dafür geben. Ich wusste aber in dem Moment, dass dieser Anruf nicht zufällig war, auch wenn er mich erschütterte. Was die Todesnachricht bei Eckhard bewirkt hat, weiß ich nicht. Oft werden in eindrücklichen Situationen alte gespeicherte Traumata an die Oberfläche bewegt, die wir in unseren unbewussten Bereichen auch aus vergangenen Leben mit uns herumschleppen.

Hier arbeite ich im feinstofflichen Feld einer Klientin zum Sichtbarwerden verborgener Qualitäten.

Anhand dieses praktischen Beispiels kann ich jetzt nur Zusammenhänge konstruieren, wie ich sie in meiner Arbeit oft erlebte: Es könnte eine traumatische Erfahrung aktiviert worden sein, die damit zu tun hat, irgendwann mal zu spät gekommen zu sein und etwas vielleicht Lebensveränderndes verpasst zu haben. Oder ein altes Schuldgefühl, was den freien Energiefluss heute verhindert und sich inzwischen vielleicht sogar im Körper somatisiert hat.

Wie ich aus meinen heute fast dreißigjährigen therapeutischen und persönlichen Erfahrungen berichten kann, hat es sich bewährt, mit einem gut ausgebildeten spirituellen Berater oder Lehrer gemeinsam auf Entdeckungsreise zu gehen und das Ereignis als Liebesbrief der Seele zu verstehen. Wenn ich diese Botschaft bei einem Klienten oder bei mir selbst herausgefunden und erlöst habe, fällt uns manchmal plötzlich ein, wie sich Situationen mit gleichem oder ähnlichem Thema im Leben bereits wiederholten. Probleme oder Befindlichkeiten werden somit überflüssig, weil sie an der Wurzel gepackt werden. Die eigene lichtvolle Seele klopft auf verschiedenste Weise an, um sich von hinderlichem Gepäck zu entledigen und wieder mehr mit dem eigentlichen Potenzial und der Lebensaufgabe in Kontakt zu kommen. Vielleicht war es hier Taros Lichtexplosion, die Eckhard zum Telefonieren bewegte? Auf jeden Fall war durch den Anruf von Eckhard eine Benachrichtigungswelle entstanden, wodurch sich der Posaunenchor für die Feier in der Kirche zusammenfand.

Dass wir in einem anderen Zustand nach dem Tod immer noch existent sind und auf verschiedenste Weise wirken, kennen wir beispielsweise aus Nahtodbeschreibungen.

Ich erhielt einige Nachrichten von Menschen, wie sie Taro nach seinem Tod wahrgenommen hatten. Sie beschrieben, wie sie nun in den Genuss seiner Fähigkeit gekommen sind, Stigmata zu erlösen. Als er in New Mexiko war, nutzte er die Gelegenheit, während seines letzten Ausbildungsblockes in der Nähe unseres Lehrers zu sein, und bat ihn, eine besondere Stärke von ihm, eine Kernkompetenz freizulegen. Es ist die Kraft, Stigmata zu erlösen. Wir waren beide glücklich darüber, weil diese Qualität im psychiatrischen Sektor besonders hilfreich sein kann.

Ich war völlig irritiert, dass Taro nun gegangen war, wo er doch damit so gebraucht würde. In Zusammenarbeit mit meiner ersten Kernkompetenz „Sichtbar werden" hätten wir wunderbar für viele Menschen etwas bewegen können.

Ein Hauch von Wehmut durchdrang mich, wenn ich nur daran dachte. Gleichzeitig ahnte ich, dass Stigmata nun vielleicht auf andere Weise in einem größeren Rahmen erlöst werden könnten.

Eine von mehreren Nachrichten dazu erhielt meine Tochter:

> *„Liebe Rohana, hallo,*
>
> *ich möchte gerne etwas mit dir teilen, was mich sehr tief berührt und bewegt hat.*
>
> *Mit deinem Papa Taro hatte ich persönlich keine Begegnung. Wohl hatte ich mitbekommen, dass er sich seine Kernkompetenz geholt hat und in der Meisterausbildung war. In der darauffolgenden Nacht, als dein Papa starb, hatte ich einen Traum. Ich sollte nach Norddeutschland fahren zu Taro wegen der Kernkompetenz. Als ich am Morgen aufwachte, war ich doch sehr erstaunt ob dieser Botschaft, also habe ich darüber meditiert. Wie sollte ich das anstellen, für mich ... wieder so weit weg, da ich gerade alles dafür tue, wieder in meine Ruhe und Stille zu kommen. Am späten Nachmittag*

habe ich dann gelesen, dass dein Papa verstorben ist, an diesem Abend oder in der Nacht, als ich von ihm geträumt habe. Das hat mich doch sehr tief berührt, ja und dann kamen so Fragen auf, wie: Bin ich zu langsam auf meinem Weg?

Ja, das hat in mir tiefe Fragen aufgeworfen. Aber nun zurück zu deinem Papa. In der darauffolgenden Nacht ist mir der Taro noch einmal erschienen. Ich habe ihn gesehen, wie er strahlend, zufrieden, mit einer großen Freude und Gelassenheit in einem strahlenden Gewand im tiefblauen Kosmos stand, seine Arme weit ausgebreitet und seine Kernkompetenz einfach voll Liebe an den Kosmos und an alle Wesen, die daran teilhaben möchten, verschenkt hat. Was für ein Geschenk. Ich bin deinem Papa tief dankbar für das, was er für uns alle und für die ganze Schöpfung ‚gemacht' hat.

Dieses Erlebnis trage ich ganz tief in meinem Sein und ich habe mich entschlossen, es mit dir zu teilen.

Sei umarmt, in Liebe

Christina"

Drei Jahre nach Taros Tod erzählte eine spirituelle Lehrerin bei einer Weiterbildung von ihren Erlebnissen und schrieb mir anschließend ihre Wahrnehmung in allen Einzelheiten:

„Stigmata erlösen, ein Vermächtnis

Ich kannte Taro nicht. Jedoch hatte ich erfahren, dass er seine Kernkompetenz ‚Stigmata erlösen' erhalten hatte. Da-

mals, als einer der Ersten, für die unser Lehrer deren Kernkompetenzen freigelegt und aktiviert hatte.

Das machte starken Eindruck auf mich. Ich erkannte und fühlte das geniale Erlösungspotenzial und die weitreichenden Freiheitsräume, die sich dadurch auftun würden.

Kurz darauf erfuhr ich, dass Taro verstorben sei. Ich wusste weder, wie noch warum dies geschehen war. Doch genau zu dieser Zeit wurde ich von einer mächtigen magentafarbenen Lichtwelle erfasst, die mich in sich aufnahm, und die mich in ihre starke Kraft hineinzog. Damals gab es einfach ein ehrerbietiges Staunen über dieses Ereignis. Nicht wissend, was diese Energiewelle mit sich bringen würde, habe ich sie dankbar und tief in mich aufgenommen.

Nun, nach über drei Jahren, ist diese magentafarbene Lichtqualität erneut sehr präsent, sei es in der Arbeit mit Klienten, für mich selbst oder in der Kommunikation mit der Natur. Sie scheint ein Dimensionsöffner zu sein, wodurch verborgene Räume der Einheit erkennbar und erfahrbar werden. Dieses Licht öffnet Räume, die lange Zeit verschlossen waren und so den Zugang zum eigenen Ursprungslicht erschwert oder sogar verhindert hatten. Es legt die Spur des eigenen Seelenweges frei, durch viele Inkarnationen hindurch, und macht sie bis tief hinein in die Zellebene erfahrbar. Und vor all dem ist es eine Art der heiligen Kommunikation, die ich so sehr liebe.

Ich grüße Taro auf der inkarnationsübergreifenden Ebene, die genauso Teil unseres Seins ist wie unsere physische Präsenz im Hier und Jetzt. Danke für dieses Geschenk, du guter, lieber Freund!“

Diese Beschreibung einer Fachfrau für spirituelle Zusammenhänge ist vielleicht nicht immer für jeden nachvollziehbar, aber wahrscheinlich doch bereichernd für manche Interessierte.

Und am Ende wird das Meer blau sein

Dass Taro mir fehlte, fühlte ich wie eine schmerzhafte Wunde in meiner Brust. Und trotzdem konnte ich akzeptieren, dass er für eine andere Aufgabe gegangen war, für ihn und für mich. Nach den ganz weltlichen Erledigungen, Taro aus seiner psychiatrischen und psychotherapeutischen Praxis herauszulösen, folgte am nächsten Tag die Urnenbeisetzung. Im engsten Familienkreis wollten wir ursprünglich seine Asche unter die Erde bringen. Wieder hatte ich den Impuls, die Kollegen aus unserer spirituellen Arbeit und andere, die uns bei Trauerfeier und Kaffeetrinken unterstützt hatten, mit einzubeziehen. Die Gestaltung der Beisetzung überließ ich unseren Kindern. Eine Freundin, die mit ihrem Mann zusammen mehrmals in unserem Haus Konzerte gegeben hatte, war mit ihrem Alphorn von weit her angereist. Nicht nur ihre Musik war ein Segen, sondern sie packte gleich nach ihrer Ankunft im Haus bei den Vorbereitungen tatkräftig mit an. Ebenfalls aus einer großen Geschwisterrunde stammend, hatte sie erkannt, dass wir eigentlich schon erschöpft waren, und nahm selbstständig die Dinge in die Hand, die erledigt werden mussten. Wieder überließ ich mich gern dieser Hilfe, was für mich eher ungewöhnlich ist. Normalerweise behalte ich gern den Überblick. Hier war es mir möglich, die Fäden aus der Hand zu geben.

Wir trafen uns auf dem Parkplatz des Friedwaldes und begaben uns zu dem überdachten Sitzplatz, wo der Förster die Urne auf den Tisch stellte. Wir hatten eine sich selbst auflösende Urne mit einem Gingkoblatt gewählt. So konnte Taros Asche bald ein Teil der Erde werden. Taro liebte den Gingkobaum. Unsere Kinder hatten ihm mal einen zum Geburtstag geschenkt, der allerdings im Herbst vor Taros Tod Opfer einer gefällten Eiche wurde und nicht mehr zu retten war. Ich nahm die Urne in meine Arme und wollte fühlen, ob die Asche noch die leuchtende Ausstrahlung von Taro hatte. Tatsächlich, mich durchfuhr ein Lichtflash und ich hätte sie am liebsten nicht mehr aus der Hand gegeben. Pflichtbewusst stellte ich sie wieder auf den Tisch, falls jemand anders auch noch das Bedürfnis hatte, hineinzuspüren. Inzwischen hatten sich all die anderen Trauergäste zu uns gesellt und standen um uns herum.

Plötzlich bahnte sich der kleine Jonas einen Weg durch die vielen Beine der Gruppe hindurch. In der Hand hielt er ein trockenes Blatt, das er mir überreichen wollte. Das war außergewöhnlich für ihn, weil er mit seinen eineinhalb Jahren mehr auf seine Eltern fixiert war. Wir Großeltern konnten durch unser intensives Berufsleben und entfernteres Wohnen nicht so häufigen Kontakt zu unseren Enkeln pflegen und somit hatte ich als Oma noch keine besondere Bedeutung für ihn. Er stolperte kurz vor mir, verlor das Blatt und ergriff ein Stück Rindenmulch vom Boden und übergab es mir. Wie schon vor einer Woche war auch diese Beisetzung wieder um elf Uhr und eigentlich seine Schlafenszeit. Es ist erstaunlich, mit welcher Sensibilität so kleine Kinder schon ihren Part im Leben erfüllen. Dabei trat Jonas' eigentliche Befindlichkeit von Müdigkeit in den Hintergrund und er wurde zum Überbringer einer Botschaft von Seele zu Seele. Es war keine Botschaft für den Verstand. Dieser fürsorgliche Akt hüllte mich in ein Wohlgefühl.

Wenn wir uns dafür öffnen, erkennen wir die Kinder in ihrer Weisheit, die es gilt, mit Respekt zu behandeln. Sie sind noch mit ihrer ursprünglichen Lebensquelle verbunden, kommunizieren mit ihr und wissen, was zu tun ist. Manchmal gelingt es ihnen besser als uns Erwachsenen, wenn wir eher rationalen Erwägungen folgen. Unsere Aufgabe ist, diese Verbundenheit zu pflegen und wachsen zu lassen, anstatt sie durch einseitiges Fördern der Verstandesebenen zu verletzen oder davon abzuschneiden. So gründet sich ihr

Selbstwert und Selbstvertrauen aus ihnen selbst heraus und ist unabhängig von der Anerkennung äußeren Wissens und perfekter Handlungen.

Das bin ich im Alter von drei Jahren.
Kinder sind oft noch mit Welten verbunden,
die Erwachsenen unsichtbar erscheinen.

Als alle Gäste angekommen waren, machten wir uns mit dem Förster auf den Weg zum Bestattungsbaum. Wir hatten uns geeinigt, dass die Urne abwechselnd von unseren drei Kindern getragen und von Florian in die Erde gesenkt werden sollte. Das Alphorn hallte durch den Wald und begleitete uns mit den Tönen, die uns bei diesem letzten Schritt unterstützten. Wir erreichten unsere Buche, die jetzt für uns befreit war von hinderlichen Brombeerranken. Als alle angekommen waren, senkte Florian die Urne in das von Tannenzweigen umrahmte Erdloch. Rohana verband uns in einer kurzen Besinnung mit den Schwingungen von Himmel und Erde und stellte so ein liebevolles Feld her, sodass wir uns in diesen Urkräften aufgehoben und geborgen fühlen konnten. Falk rezitierte unser Lieblingsgedicht, das uns seit Beginn unserer Beziehung begleitete.

Es ist von Reiner Kunze und trägt den Titel „Rudern zwei".

Rudern zwei ein boot,

der eine kundig der sterne,

der andre kundig der stürme,

wird der eine führn durch die sterne,

wird der andre führn durch die stürme,

und am ende ganz am ende

wird das meer in der erinnerung blau sein.

Schon nach den ersten beiden Zeilen erstickte seine Stimme und er brauchte eine kurze Pause, in der er sich wieder sammeln konnte. In den vielen Jahren unseres Miteinanders fühlten Taro und ich uns abwechselnd kundig durch Sterne und Stürme. Wo der eine gerade mit einer Phase von Schwachheit oder Orientierungslosigkeit zu tun hatte, konnte der andere manchmal mit seiner Stärke da sein. Das Bild von ineinandergreifenden Zahnrädern könnte auch Ausdruck unseres Zusammenspiels sein. In Erinnerung ist mir da besonders die Ausreise aus der DDR, wo Taro während der langen Wartezeit mit den entsprechenden Repressalien manchmal die Resignation überfiel und ich das Ziel im Auge behielt. Bei der Ankunft dann auf der anderen Seite Deutschlands konnte ich gar keine Freude mehr empfinden. Als der Zug die Grenze überquerte, riss innerlich bei mir der Faden. Nach dem Trennungsschock von Familie und Freunden dämmerte ich erst eine ganze Zeit apathisch vor mich hin und mein Mann behielt den Überblick.

Hier in der feuchtkalten norddeutschen Waldatmosphäre zwischen Bäumen und Brombeerranken musste ich mich wieder trennen, endgültig. Ich ließ meinen Tränen freien Lauf. Jemand legte seinen Arm um meine Schultern. Es war die Mutter von Anna, meiner Schwiegertochter. Ihre natürliche Warmherzigkeit tat mir gut. Sie hatte das gleiche Schicksal bereits in viel jüngeren Jahren durchlebt. Anna hielt während des ganzen Zeremoniells Jonas an der Hand zurück, der sich immer wieder verdächtig weit über das Grabloch beugte, um hineinzusehen. Nahm er vielleicht noch etwas anderes wahr? Ich fühlte mich gerade nicht in der Lage, genauer zu schauen, was ihn so stark dahinzog. Vielleicht war's die lichtvolle Ausstrahlung der Asche, die ich schon spüren konnte?

Die Alphornklänge berührten mich, als ich Rosenblütenblätter auf die Urne streute. Einen ganzen Korb voll hatten wir von den Rosen mitgebracht, mit denen bei der Trauerfeier von den Teilnehmern so liebevoll der Sarg geschmückt worden war. Sie begleiteten Taro nun ein zweites Mal. Nach und nach folgten mir meine Familie und alle anderen Trauergäste. Als sich alle so von Taro verabschiedet hatten, verließen wir diesen Ort. Still war es auf dem Heimweg. Das Erlebte wollte noch in uns nachklingen.

In der geräumigen Diele unseres Hauses und im Wohnzimmer erwarteten uns bereits vorbereitete Tische für ein gemeinsames Mittag. Wie gut tat uns allen jetzt eine heiße Suppe, auch wenn ich immer noch keinen Gefallen am Essen finden konnte. Jörg hatte die bestellte Hühnersuppe aus dem Restaurant im Nachbarort abgeholt.

Wir ergänzten sie mit unserer hausgemachten Kürbissuppe, die immer besonderen Anklang fand. Florian kümmerte sich wieder um das Feuer im eisernen Ofen. Die innere und äußere Wärme wurde zum Balsam für unsere wunden Gemüter. Schnell kamen vertraute oder auch fremde Tischnachbarn ins Gespräch. Zunehmend heiteres Plaudern erfüllte die Räume.

Schon immer mochte ich es, in meiner Wohnung oder in meinem Haus Gastgeberin für Zusammenkünfte und Feste zu sein. Ich liebe das wohlige Miteinander von Menschen, war ich es doch seit frühester Kindheit auch in großem Stil gewohnt und genoss dabei auch, dass viele Hände kreativ dazu beitrugen. Erst dadurch vermittelte manch Treffen oder Feier das Gefühl von Gemeinschaft oder stärkte es. In unserem Zentrum für ganzheitliche Heilung mit seiner Kraftplatz-Atmosphäre gab es ausreichend Gelegenheit dazu. Auch wenn trotz Unterstützung aller Mitwirkenden ein riesiger Berg Arbeit an mir hängen blieb, genoss ich früher manchen Tag der offenen Tür mit 200 Leuten in unserem Domizil. Nun würde sich das Blatt wenden, doch an diesem Nachmittag hatte ich noch keine Ahnung, wie es mit mir und meinem Zentrum jetzt weitergehen würde.

Mit dem Erreichen des Rentenalters war ich gleichzeitig ins Witwen-Dasein geschlittert, fühlte mich in den letzten Tagen auf einmal alt, dem eigenen Tod nah und liebäugelte mit ihm. Es wäre doch gar nicht so schlecht, wenn es jetzt mit mir nicht mehr so lange dauern würde. Jetzt, inmitten der Besucher beim Kaffeetrinken mit den vielen mitgebrachten hausgemachten Kuchen, trat dieses Gefühl in den Hintergrund. Auch wenn wir in unserer Zweierbeziehung jeder ein ziemlich eigenständiges Leben führten, ist eine Todessehnsucht, dem geliebten Partner zu folgen, möglicherweise ziemlich normal. Es ist gut, sie anzunehmen, anstatt sie durch wohlmeinende Zuwendungen besorgter Mitmenschen verhindern zu wollen. Sich ihrer bewusst zu sein, ist bereits der erste Schritt Richtung Heilung. Erhält sie nicht ihren Raum, sucht sie sich auf andere Art einen Ausdruck, vielleicht in körperlichen Symptomen.

Nachdem am nächsten Tag auch die Letzten abreisten, begann mein neues Leben als Single.

Als Witwe würde ich mich immer als Frau von Taro fühlen. Ich wollte mich meiner Eigenständigkeit als Mensch stellen.

Ich hatte bis auf wenige Monate in meiner Jugend noch nie allein gewohnt. Als wir uns kennenlernten, war ich 18 Jahre alt. Es kam also eine neue Erfahrung auf mich zu. Wenn Taro in späteren Jahren unserer Ehe verreiste, freute ich mich immer auf das Alleinsein, mal ganz meinem Fluss folgen zu können. Nur jetzt war es mit dem Gefühl verbunden, dass etwas aus mir herausgerissen war. Wenn ich mich früher allein auf eine Reise begab, konnte ich nur schwer nachvollziehen, dass sich Taros Begeisterung von meiner

Abwesenheit in Grenzen hielt. Er müsste sich doch eigentlich freuen über die „sturmfreie Bude“, dachte ich. Für sein Wohlbefinden hatte ich auch umfassend vorgesorgt. Trotzdem klang in seinen Bemerkungen immer mal durch, dass er die Zeit lieber mit mir zusammen verbrachte. Eine Kollegin aus den letzten zwei Ausbildungsjahren kommentierte einmal auf seiner Facebook-Gedenkseite: „Ich kenne keinen anderen, der wie Taro so oft, mehrmals am Tag, in der Stunde voller Freude, Dankbarkeit und tiefer Liebe von seinem Partner gesprochen hat: ‚meine Sashima‘, immer mit einer Prise Überraschung, über das Glück, dass ihm zuteilgeworden ist.“

Manchmal beschäftigte mich das Unvermeidliche, das jedes Paar einmal erwartet. Wie würde es sein, wenn Taro vor mir stirbt? Könnte ich das aushalten oder müsste ich den Gedanken ganz weit wegdrängen, weil er unerträglich für mich ist? In früheren Jahren beunruhigte mich diese Wahrscheinlichkeit sehr.

Erstaunlicherweise blieb ich jetzt dabei innerlich ganz ruhig. Ich wusste zwar nicht, wie es allein weitergehen könnte, aber ich vertraute, dass sich alles ordnen würde zu einem neuen Leben.

Neuanfang

Am folgenden Wochenende hatte ich mich zu einer Weiterbildung für spirituelle Lehrer angemeldet, zu der ich 800 Kilometer reisen musste. Unsere Flüge nach Zürich, die wir zwei Tage nach Taros Tod gebucht hatten, waren bereits verfallen. Ebenso die Karten für die Comedy-Show mit Dieter Nuhr an dem Tag, an dem Taros Asche unter die Erde kam. Angesichts des großen Verlustes der letzten Tage konnte ich diese kleineren verschmerzen. Jedoch schien dieser bevorstehende Termin für mich wichtig zu sein. Mich kurz nach Taros Ableben unter so viele Menschen zu begeben, die wahrscheinlich fast alle von diesem Ereignis wussten, war eine Herausforderung, stellte jedoch keinen äußeren Hinderungsgrund dar. Wollte ich mich dieser Herausforderung stellen? Normalerweise genieße ich diese Seminare, komme ich doch immer tiefer verbunden mit meinem Glücklichsein nach Hause. Aus eigenem Erleben wusste ich um die Unsicherheiten, einem Menschen in so einer Situation wie meiner zu begegnen.

Egal, wie es sein würde, ich hatte den Impuls zu fahren. Meine Tochter meldete sich ebenfalls an und wir konnten zusammen in meinem gewohnten Appartement übernachten. Am nächsten Tag ergab sich die Gelegenheit, meinen persönlichen Lehrer zu treffen. Er weiß um das individuelle Wesen und den Weg seiner Schüler durch die Zeiten. Auf der Seelenebene gibt er Impulse für die nächsten Schritte zu sich selbst. Man findet seinen Lehrer durch Wiedererkennen, weil man schon immer mit ihm verbunden ist. Jetzt unterstützte er mich, um in die Mitte meines Lebensflusses zurückkehren zu können, wenn ich mich in den stillen Seitenarmen verlor.

Ich brannte darauf ihn zu fragen: „Kannst du mir sagen, warum Taro gegangen ist? Ich will es verstehen. Wir hatten doch eine gemeinsame Aufgabe hier und die war für mich noch gar nicht zu Ende!“ Er antwortete, dass es für mich noch so viel von mir zu entdecken und zu leben gäbe. Ich hätte mich bisher immer ein bisschen hinter Taro versteckt und ihm die Position einer Gallionsfigur gegeben. Ich verstand. Und doch konnte ich nur widerwillig die liebevollen Worte meines Lehrers annehmen. Ich weiß, dass es stimmt und dass mein Lehrer mir bei der Umsetzung hilft. Aber wäre es nicht auch mit Taro zusammen möglich gewesen? Diese Frage stellte ich ihm nicht mehr, weil sie keinen Sinn ergab. Sie war nur Ausdruck meiner Verzweiflung.

Am Nachmittag schlenderten Rohana und ich bei Sonnenschein zwischen prachtvollen historischen Gebäuden durch die Fußgängerzone des Ortes im Elsass. In mir regte sich ein Hauch von Lebendigkeit und es zog uns zum Stöbern in eine Boutique. Tatsächlich gingen wir beide mit einem erstandenen Kleidungsstück wieder hinaus. Für mich war es, als wenn sich in meiner Trauer ein kleines Fenster ins normale Leben öffnete.

Als ich am nächsten Morgen das Chateau betrat, hörte ich schon munteres Geplauder vieler anwesender Seminarteilnehmer im Foyer der oberen Etage. Mitfühlend schlug Rohana vor, mir die gewünschte Tasse Tee nach unten zu bringen, damit ich mich nicht gleich in das Getümmel von 40 oder 60 Leuten stürzen musste. Nun unterhielten wir uns dort in Ruhe mit jemandem, den wir am Eingang getroffen hatten. Mein Schmerz war unter einer zarten schützenden Membran verborgen. Dass er bei erneuten Beileidsbekundungen zum Ausbruch käme, wollte ich vermeiden. Erst kurz vor Beginn begaben wir uns deshalb in den großen Seminarraum auf unsere Plätze. So konnte ich mich den Übungen in energetischen Heiltechniken mit gewohnter Konzentration hingeben.

Nach der ersten Arbeitseinheit fühlte ich mich schon stabiler und nahm zahlreiche liebevolle Umarmungen entgegen, während ich mich durch die Menschenmenge hindurch zum Pausenbüfett bewegte. Irgendwann wurde es jedoch zu viel für mich und so wollte ich mir ein Getränk holen, was von manchen verständnisvoll mit einem freundlichen Blickkontakt akzeptiert wurde. Es ist schön, einen Kreis Gleichgesinnter um sich zu haben und sich in einem ähnlichen Bewusstsein um Tod und Leben aufgefangen zu fühlen. Ich war froh, dieser Reise nicht ausgewichen zu sein. Die Sorge vor tränenreichen Abstürzen wurde ersetzt durch die Stärkung, die ich an diesem Tag erfuhr.

Zum Schluss wollten wir gemeinsam etwas singen. Die Seminarleiter stimmten das „Halleluja" an, das uns bei der Trauerfeier begleitet hatte. Nun war es nicht mehr zu vermeiden und Rohana und ich weinten. Ein paar Kollegen stürzten auf uns zu, um uns beizustehen oder zu trösten. Doch nicht immer ist körperliches Berührtwerden oder gut gemeinter Zuspruch eine Lösung für den empfundenen Schmerz. In diesem Moment hätte ich mich gern ohne große Aufmerksamkeit meinem Tränenfluss überlassen, um in mein emotionales Gleichgewicht zurückzufinden. Es ist manchmal eine Gratwanderung herauszufinden, was der Betroffene gerade braucht. Zu erkennen, ob man gerade seinem eigenen Bedürfnis folgt oder einem inneren Führungsimpuls, ist nicht immer einfach. Oft genug plagte mich selbst Unsicherheit in solchen Situationen. Jemandem zuzutrauen, dass er an seinem Leid wächst, lässt ihm seine Würde. Bei gleichzeitigem Angebot, dass Unterstützung da ist, wenn sie benötigt wird.

Wieder zu Hause stand mir der neue Alltag bevor. Ich beschloss, die Angebote im Zentrum weiterzuführen. Den Rhythmus der regelmäßigen kostenfreien Veranstaltungen hielt ich zunächst aufrecht. Andrea, die über die entsprechende Weiterbildung verfügte, übernahm das „Fire and Love – Ritual", das einmal monatlich Taros Aufgabe gewesen war. Seit 18 Jahren boten wir wöchentlich öffentliche Meditationen und zusätzlich Feuer-Rituale an, deren geistige Kräfte das Verbundensein mit sich selbst vertiefen. Die geplanten Kurz-Seminare zum Auflösen von Traumaketten machten mir Freude. Für mich überraschend fanden sich dazu Teilnehmer ein, die sich sonst medizinische Hilfe bei Taro geholt hatten. Diese Art ungewohnter energetischer Arbeit nahmen sie dankbar an und gingen befreit nach Hause. Genauso liebte ich die Einzelarbeit mit Klienten, die mit einem Problem zu mir kamen, um einen Weg daraus freizulegen. Ich konnte mich einerseits ganz meiner Arbeit hingeben und im übrigen Alltag wieder in meiner Trauer versinken. Die Spaziergänge am Meer taten mir dann gut. Überhaupt empfand ich Weinen oder auch den Frust herauszuschreien als wohltuend. Es muss nicht alles weggetröstet werden.

In meinem Haus fühlte ich mich jetzt verloren. Es war mir viel zu groß und viel zu ungemütlich. Es gefiel mir nicht mehr. Wie sollte ich es jemals allein instand halten und das riesige Grundstück pflegen? Für eine Frau und dann in meinem Alter schien es mir ganz unmöglich.

In den Jahren zuvor radelten Taro und ich bereits manchmal durch unsere Gegend, um zu erkunden, ob es nicht einen anderen Ort gäbe, der zu uns passt. Von dem aus wir unsere Arbeit in kleinerem Umfang weiterführen könnten ohne den anstehenden Erhaltungs-, Abriss- oder Sanierungsaufwand. Aber wir fühlten nirgends, dass wir dahinziehen könnten. Es war einfach nicht im Plan unserer Seele vorgesehen. Nun, glaubte ich, wäre der Zeitpunkt gekommen, irgendwo neu anzufangen. Schon immer liebte ich die Ostsee. Also durchforstete ich das Internet nach einem für mich und meine Arbeit geeigneten Haus. Es fand sich allerdings nichts, was mich spontan ansprach. Jedes halbwegs gefällige Objekt erschien mir nur als Notlösung. Ich buchte für den Sommer einen Urlaub in der Gegend, die meine Vorgaben erfüllte.

Dann wollte ich vor Ort weiter nach einem für mich geeigneten Platz schauen. Zunächst bedeutete es enorme Erleichterung für mich, als Shalana bald vorschlug, jetzt jeden Monat einen Seva-Tag im Zentrum zu planen. Shalana kennen wir bereits seit Bestehen unseres Zentrums. Uns verbanden auch viele gemeinsame Meditationen und Seminare.

Dankbar nahm ich ihren Vorschlag an. Seva bedeutet, mit seinen Fähigkeiten und seiner Zeit absichtslos dem Licht zu dienen. In meinem Sanskrit-Wörterbuch lese ich auch: „Dienst als Anbetung des Göttlichen“. Das führt zum Loslassen von Wünschen, die spirituelles Wachstum blockieren, und sich gleichzeitig im Zustand der Leere selbst in seinem Licht zu erfahren. Orte mit einer hohen Schwingung wie Lichtzentren oder Ashrams bieten eine gute Voraussetzung dafür, wo man durch seine Höhen und Tiefen hindurch im Wechselspiel von Wollen und Hingabe Führung erhält. Sich einzulassen und dem Fluss hinzugeben ist das Ziel. Manch einer ist erstaunt, dass er bei diesem Dienst Fähigkeiten entwickelt, die vorher nicht in seinem Blickfeld waren. Man dient dadurch gleichzeitig dem Göttlichen in sich selbst.

Immer mal wieder nahmen wir in all den Jahren für ein paar Tage oder auch länger jemanden zum Seva auf.

Eine herzliche Mail eines ehemaligen Gastes in unserem Haus erreichte mich nach Taros Tod.

„Liebe Sashima, durch Antonia bekam ich damals den Impuls, eine Seva-Zeit bei Euch zu verbringen.

Gerade eben habe ich es gefunden in meinem aufbewahrten Kalender-Buch: Es war Anfang Juli 2014. Es war Fußball-WM. Wir haben vor dem Fernseher gefiebert (anfänglich hauptsächlich Taro und ich; kurz darauf kamst Du mit leckeren Knabbereien und warst ebenfalls infiziert).

Wir waren schwimmen in ‚Eurem' See, ich mit einem geliehenen Badeanzug aus Deinem Fundus.

Nach anfänglichem Nieselwetter konnten wir später auf Eurer Terrasse zu Mittag essen. Das Rote-Bete-Gericht mache ich noch heute. Innen ist natürlich viel mehr passiert ... Während ich Sträucher beschnitt, Fenster putzte, den Weg zur Haustür von Gewächs befreite und erfuhr, dass Giersch super gesund ist, versuchte ich, mit meinen Wirbelsäulen-Beschwerden zurechtzukommen, mit allem, was sich zeigte, weiter zu gehen. Es hat mich sehr berührt zu lesen, dass Taro nicht mehr da ist. Ich habe in den Jahren immer wieder, in unterschiedlichen Situationen, an Euch zwei und meine Zeit bei Euch gedacht. So hatte ich Euch immer im Bild, sozusagen. Zusammen eben.

Manchmal schaue ich auf Deine Facebook-Seite, liebe Sashima, und ja ... auch ich bin tief beeindruckt ... Ich wünsche Dir, ganz zart und behutsam, ein gutes Weitergehen, Kraft und Liebe für alles und sende Dir eine herzliche, sanfte Umarmung.

Julia Mittelstädt"

Regelmäßig planten wir auch einmal jährlich einen Seva-Tag, meistens im September, um den wuchernden Brombeeren in unserem Garten zu Leibe zu rücken. Die Teilnehmer berichteten mir anschließend, dass sie ausgeglichen und verbunden mit ihrem inneren Frieden nach Hause gingen. Zusätzlich genossen wir das gemeinsame Arbeiten, manchen Spaß und immer auch mitgebrachtes Leckeres zu den Mahlzeiten. In dieser Zeit rückte das Problem mit den wuchernden Brombeeren in den Hintergrund, weil sich andere Tätigkeitsfelder meldeten.

Taro fehlte an allen Ecken und Enden. Erstaunlich, was er noch alles neben seinem immensen Pensum im Arbeitsalltag erledigt hatte! Er übernahm es, die Unmengen von Laub von den vielen alten Bäumen im Herbst zu harken, während ich andere Arbeiten im Garten bewältigte.

Er sorgte dafür, dass die Pflasterungen vor und hinter dem Haus nicht zuwucherten. Den Dhuni-Platz befreite er vor jedem Feuer-Ritual von diversem Bewuchs und vieles andere mehr. Zusätzlich musste er mit seiner männlichen Kraft herhalten, wo meine nicht ausreichte. Wenn etwas nicht gemacht ist, fällt erst auf, dass jemand fehlt.

Ich kam einfach nicht mehr hinterher und die monatlichen Seva-Tage erleichterten mich.

Annettes Worte „Damit du nicht aus einem Chaos heraus flüchten musst, sondern in Ruhe entscheiden kannst, wie es für dich weiter geht" trugen erheblich zur Reduzierung meiner Sorgen bei. Ich vertraute meiner inneren Führung und dass sich schon im richtigen Moment die entsprechenden Impulse zeigen würden, wenn eine Ortsveränderung ansteht.

„Mit 66 Jahren, da fängt das Leben an“, klang Udo Jürgens' aufmunternder Gesang in meinen Ohren, wenn ich an meinen bevorstehenden Geburtstag dachte. Taro war seit einem Monat tot und dieser Tag stand vor der Tür, erstmals nach diesem drastischen Einschnitt in mein Leben.

Geburtstage bedeuteten uns beiden nicht mehr so sehr viel. In früheren Jahren richtete ich noch gern solche Feste aus. Während unserer Zentrumsarbeit jedoch war ich immer so ausgelastet, dass diese privaten Dinge selten Raum fanden. Dieses Mal lud ich ein paar Frauen aus meinem persönlichen Umkreis zum Kaffeetrinken ein. Gegenüber meinen Kindern äußerte ich immer wieder den Wunsch, dass sie mich bitte immer nur anrufen oder besuchen sollten, wenn sie das innere Bedürfnis dazu verspüren. Es lässt uns frei sein, wenn ich keine Erwartungen an meine Kinder habe. Was nicht heißt, dass ich sie nicht mal um Unterstützung bitten kann. Sie haben auch die Freiheit abzulehnen. Ich vertraue darauf, dass sich dann eine andere Lösung findet.

Falk wollte mit Karl aus Hamburg dazukommen. Wir fanden uns in einer recht ungewöhnlichen Geburtstagsrunde zusammen und das lockere Plaudern nahm nicht so seinen Lauf, wie wir es ein paar Wochen vorher im Zusammenhang mit den Trauerfeierlichkeiten erlebt hatten. Ich freute mich, dass Falk über Nacht blieb. Karls voller Terminkalender bewirkte, dass noch reichlich zwei Stunden Heimfahrt im Auto vor ihm lagen. Falk war interessiert an alten Geschichten und Zusammenhängen. Am folgenden Wochenende erwarteten wir noch Florian mit seiner Familie dazu.

In den Gesprächen mit meinen Kindern kam in dieser Zeit manch Vergangenes an die Oberfläche. Wenn jemand gestorben ist, erinnert man sich eher an die schönen Erlebnisse mit ihm. Betroffene berichten, dass die weniger schönen meist in den Hintergrund treten. Mal abgesehen vom Gesichtspunkt der Verdrängung liegt es vielleicht daran, dass man sich selbst und seine Konflikte nach so vielen Jahren mit einem Augenzwinkern betrachten kann. Oder man konnte es als Erfahrung integrieren, die dem eigenen persönlichen Wachstum dient.

1980 – Taro und ich mit unseren drei wunderbaren Kindern.

Unsere Kinder erinnerten sich nicht, dass wir uns in ihrer Anwesenheit jemals gestritten hätten. Ich bin mir sicher, dass es nicht so war, wusste aber auch kein Beispiel mehr. Erinnerungen an Streit zwischen Taro und mir zeigten sich mir in den ersten 15 Jahren an unserem jetzigen Wohnort. Wir zogen an unseren persönlichen Kraftplatz und gründeten unser Zentrum. Es ist so, als wenn man mit einer 100-Watt-Birne einen spärlich beleuchteten Keller betritt. Was kommt da nicht alles zutage! Alte unbewusste Konditionierungen und Muster werden mit der Entfaltung der Lichtkraft des Platzes im Zusammenleben sichtbar. Das wussten wir vorher und wollten es so, es war allerdings mit heftigen Herausforderungen verbunden und gab natürlich auch heftige Differenzen zwischen uns. Aber sie trennten uns nicht. Manchmal zähneknirschend nahmen wir sie an und besannen uns auf die Möglichkeiten unserer transformierenden Arbeit. Unsere letzten gemeinsamen Jahre genossen wir in sehr friedvoller Atmosphäre. Wir waren noch mehr zusammengewachsen und viele Menschen zog es in unser lichtvolles Zentrum, um sich hier in ihrem eigenen Licht berühren zu lassen. In Dankbarkeit zurückschauen konnte ich jetzt noch nicht. Der Frust überwog, einfach so auseinandergerissen worden zu sein.

Ich kam mir vor wie ein rohes Ei, das jeden Moment zerfließt, wenn die Schale weiter verletzt werden würde. Mir fehlte so etwas wie feste Substanz.

Gegangen und doch da

Immer mal wieder war ich jetzt durch bewusste Hinwendung mit Taro in Kontakt.

Wenn ich mich mit Kollegen zu energetischer Arbeit traf, erzählten sie mir meistens, dass Taro hinter mir steht oder dabei ist. Dass er für mich da ist und mich ständig mit seinem Licht umgibt.

Ich wollte ihn in seiner Lichtwelt nicht stören, denn ich wusste, dass er sich auch dort seinen Aufgaben widmet. Gleichzeitig war ein Teil seiner Schwingung auch noch bei mir. Deshalb war es für mich manchmal nicht einfach zu differenzieren, ob er gerade da war oder nicht. In der Meditation nahm ich mitunter seine Energie wahr, allerdings nicht so deutlich, wie ich es mir wünschte. Doch ich konnte ihm Fragen stellen und erhielt Antworten. Manchmal spürte ich ihn, aber ganz weit weg, beschäftigt in einer anderen Dimension.

In einem Traum ein paar Wochen nach seinem Tod machte er mich auf etwas aufmerksam, was ich für ihn erledigen sollte. Ich wusste sofort, was gemeint war, und folgte seiner Bitte. Überhaupt hätte ich ihn gern öfter ab und zu im Traum erlebt, wie ich es aus Berichten anderer Hinterbliebener kannte. Aber diese Sehnsucht erfüllte sich nicht und seine Erscheinung in meinem Traum blieb einmalig. Vielleicht würde es mir das Lösen von seiner menschlichen Form erschweren.

Eines Tages ging ich durch den Garten über die Wiese. Plötzlich fiel eine Feder vom Himmel direkt vor meine Füße. Freude durchströmte mich. Da wusste ich, das war das Zeichen seiner Anwesenheit und ich spürte seine Präsenz deutlich.

Meine Nichte Almut berichtete mir von einem ähnlichen Erlebnis: „Nach einer langen Autofahrt kamen wir direkt nach der Trauerfeier von Taro im Zuhause meines Vaters an. Was entdeckte ich dort im Schein des trüben Haustürlichtes? Direkt vor der Haustür lag eine graue Vogelfeder. Ich war total erstaunt und sah es als Zeichen. Sofort kam mir der Satz von Taro ‚Das Leben ist leicht wie eine Feder' in den Sinn, der zuvor Gegenstand der Beerdigungsfeier war. In der nachfolgenden Zeit beschäftigte mich dieses Zeichen und in ‚schweren' Stunden tröstete mich dieser Satz ungemein."

Hin und wieder fuhr ich in den Friedwald. Dieses Mal war es anders als früher, als mein Vater starb. Damals brauchte ich eine Weile täglich den Spaziergang zum Friedhof. Dass er jetzt bei Gott sein sollte, war mir zu abstrakt. Wo war denn Gott? Ja, im Himmel. Damals kannte ich den Bezug zum Himmel nur über die Ebene des Verstandes. Ich suchte meinen Vater deshalb auf dem Friedhof, dort war wenigstens noch sein Körper in der Erde. Allerdings fand ich mich vor Ort nur in meinem Schmerz wieder. Erst ein Vierteljahrhundert später erlebte ich durch energetische Auflösungsarbeit während meiner Sehlehrer-Ausbildung, wie sich der Schmerz um den Verlust meines Vaters löste und innerer Raum frei wurde, wo Neues entstehen konnte. Als das passiert war, lag nicht lange danach plötzlich ein Weg vor mir, der mich immer tiefer in meine Spiritualität eintauchen ließ. Über die Jahre wurde die Welt des Lichtes mehr und mehr selbstverständlicher Bestandteil meines Lebens. In der täglichen Meditation erfuhr ich mich zunehmend in meinem Sein, das mehr ist als mein Körper. Menschen bei der Lösung ihrer Probleme aus einer spirituellen Sichtweise mit energetischen Heilmethoden zu unterstützen, wurde schon bald zu meinem Beruf.

In Ausbildungen wurde mir das Sein außerhalb körperlicher Wahrnehmung immer vertrauter. Ich begleitete Seelen an ihr Ziel, die nach ihrem Tod nicht den Weg in die Lichtebene gefunden hatten. Während eines Auftrages als Feng-Shui-Beraterin, einer energetischen Hausreinigung, begegneten mir oft diese Wesen, die noch an den Ort ihrer körperlichen Existenz gebunden waren. Sie beeinträchtigten mit ihrer Anwesenheit die Wohn- oder Arbeitsatmosphäre der Bewohner. Meistens wussten die Nachfolger nicht, dass ihrem Unwohlsein solche Ursache zugrunde lag. Indem durch Feng-Shui das Qi, die Lebensenergie, erhöht und die Räume auf das Entwicklungspotenzial der neuen Bewohner angepasst wurden, konnte der Verstorbene loslassen und sich mit meiner Führung erleichtert an sein Ziel in der Lichtwelt begeben. Auch in meinem beratenden Praxisalltag registrierte ich immer mal wieder die Anwesenheit eines Verstorbenen. Sehr eindrücklich ist mir in Erinnerung, wie mir dabei ein bestimmtes Kleidungsstück in einer bestimmten Farbe gezeigt wurde. Als ich meinem Klienten von meiner Wahrnehmung berichtete, brach er in Tränen aus, weil er als Kind genauso ein Kleidungsstück zur Beerdigung seines Elternteils getragen hatte. Welch ein Segen für Sterbende oder Hinterbliebene, wenn man zu Lebzeiten bereits vertraut ist mit dem, was man schon immer war und wo das eigentliche Zuhause ist. In den Friedwald zog es mich mit der Erfahrung des Lichtes in Taros Asche.

Ich stellte mich gern an die entsprechende Stelle unter der Buche, um die Ausstrahlung noch mal wahrzunehmen. Selbst meine Enkel konnten es spüren. Mit der Zeit verschmolz es mehr und mehr mit der Erdenergie zu einem lichtvollen Platz.

Tiefgang mit Heilung

Im Juni war es dann so weit. Ich hatte die Gelegenheit, meinem tiefsten Schmerz zu begegnen, nur wusste ich das vorher nicht. Wie gewohnt, reiste ich zu den jährlichen Updates meiner spirituellen Ausbildungen Richtung Süden, in denen wir immer auf den neuesten Stand gebracht werden. Das ist notwendig, weil das energetische Gesamtgefüge global ständig in Bewegung ist, was sich aus dem Zusammenspiel von Erde und kosmischem Geschehen ergibt. Diese Veränderungen fordern alle Lebewesen zu unterschiedlichen Entwicklungsschritten heraus. Jedes Mal freue ich mich auf die neuen entsprechenden Heiltechniken, die ich dann für meine Klienten zur Unterstützung mit nach Hause bringe. Rohana kam mit ihren Kindern etwas später ebenfalls dazu und wir bezogen gemeinsam eine Ferienwohnung.

An einem Tag nach der täglichen 18-Uhr-Meditation war Darshan im Programm. Manche großen weisen Lehrer, die man auch als Guru bezeichnet, bieten ihren Darshan an. Sie überbringen dieses Geschenk an die Menschen, mit dem Licht, mit dem sie auf die Erde gekommen sind.

Diese Begegnung mit dem Göttlichen, die der Meister ermöglicht, kann ganz unterschiedlich erfahren werden. Bei dem Guru in Südindien, dem ich herzlich verbunden bin, erlebte ich ihn in der Gruppe von manchmal Tausenden von Menschen. Hier im Elsass gab mein persönlicher Lehrer diesen Segen einzeln. So vom Licht berührt, befördert es den Teil von mir an die Oberfläche, der gerade meine Aufmerksamkeit benötigt. So gelingt es mir, wieder in den Hauptstrom meines Lebensflusses zurückzukehren, anstatt in irgendwelchen Seitenarmen herumzudümpeln und mich dabei vielleicht selbst zu verpassen. Meistens war ich dadurch wieder an eine tiefere Ebene meiner Liebe, meines Feuers, meiner Stille angeschlossen. Glückselig verließen wir den Ort, ließen das Erlebte in unserem Quartier nachklingen oder trafen uns noch mit anderen zu einem meist heiteren Abend im Restaurant. Beleuchtet vom göttlichen Licht zeigte sich manchmal danach in meinem Alltag, was der Veränderung bedurfte oder transformiert werden wollte.

Heute traf es mich mit voller Wucht. Zum Glück wartete ich, bis schon fast alle von den 80 oder 100 Teilnehmern ihren Darshan erhalten hatten. Als eine der Letzten ging ich nach vorn, kniete vor meinem Lehrer und öffnete mich dafür, das zu empfangen, was gerade sein wollte. Komisch – die anschließend gewohnte Glückseligkeit blieb aus. Wieder auf meinem Platz angekommen, stieg er in mir auf – der Schmerz. Er erschütterte mich zutiefst. Alles in mir brannte wild und ungestüm. Ich war eine aufgerissene Wunde. Gleich würde mich dieser Schmerz schütteln. Ich riss mich noch zusammen und rannte dann in die nahegelegene Toilette, als die Letzten den Raum verließen.

Hier brach es aus mir heraus. Meine Tränen wurden zu Sturzbächen, zu Wasserfällen. Konnte ich jemals wieder aufhören zu weinen? Was für ein Urschmerz, dem ich hier begegnete. Unglaublich, was sich da in mir hochschleuderte. Es war, als würde ich diesen Schmerz seit Äonen von Jahren gut verschlossen in mir tragen. Das Getrenntsein vom Licht, von Liebe, von Gott, von mir selbst, all das lag darin. Wie ein Flaschengeist, geweckt durch Taros Tod, entwich er rabiat aus seiner geöffneten Behausung. Von der Intensität dieser Erfahrung gebeutelt, suchte ich nach dem nächsten Schritt. Dankbarkeit für das Geschenk der Befreiung konnte ich in dem Moment nicht empfinden. Ich wusste nicht, wohin mit mir. Ich versuchte, mich zu beruhigen, was mir nur spärlich gelang. Irgendwie musste ich jetzt in mein Apartment kommen, wo wahrscheinlich Rohana schon mit den Kindern auf mich wartete. Es würde schon irgendwie gehen. Ich schlich mich die Treppe hinunter und hinaus durch den Hinterausgang in der Hoffnung, möglichst niemandem zu begegnen. Ich bog um die Hausecke und lief geradewegs in die Arme von Sebastian, der mir auf der Anhöhe entgegenkam. Wir waren uns früher oft bei Weiterbildungen begegnet. Normalerweise wäre die Umarmung eine freudige Begrüßung gewesen. Nun hielt er mich einen langen Augenblick wie ein kleines weinendes Kind. Oben auf der Terrasse plauderten fröhlich die Darshan-Besucher, andere gingen die Treppe zum Parkplatz hinunter. Ich wollte weiter und steuerte den kleinen weißen Pavillon an, ein Tempel, der der göttlichen Mutter gewidmet ist, um etwas Ruhe in mir zu finden. Von der Straße schaute eine mir vertraute Kollegin zu mir herüber und erkannte, in welchem Zustand ich war. Sie bot mir für den nächsten Morgen an, meinen Heilungsprozess zu unterstützen. Bereits kurz nach Taros Tod begleitete sie mich mit ihrer speziellen Fähigkeit, Fülle und Vollständigkeit zu initiieren. Wenn man einen Entzündungsherd öffnet, damit der Eiter abfließt, wird zu einem bestimmten Zeitpunkt ein Pflaster, vielleicht mit einer heilenden Salbe, ganz tröstlich empfunden. Schon oft in meinem Leben erlebte ich Situationen von Ratlosigkeit. Fast gleichzeitig öffneten sich Türen und der Weg ging weiter.

An diesem Tag zog es mich zunächst in den Tempel. Ich legte mich auf eine Matte und versuchte, mich dem Fluss meiner leidvollen Erfahrung mithilfe der göttlichen Mutter hinzugeben, anstatt ihn, vielleicht unbewusst, zu unterdrücken. Mein Lehrer sagte mal den Satz: „Wir können den Schmerz erst dann erlösen, wenn wir ihn in Besitz genommen haben."

Das bedeutet für mich, dass wir ihn nicht immer in aller Tiefe durchleben müssen. Dass wir ihn aber als Ursache mancher Hindernisse und Befindlichkeiten in unserem Leben erkennen, anstatt ihn in Konflikten und Schuldzuweisungen auf andere zu projizieren. Langsam spürte ich wieder Boden unter meinen Füßen und ich sah mich in der Lage, den Heimweg anzutreten. Als ich den Berg hinunterging, hielten unsere Freunde Shakandra und Xantor an und fragten mich, ob sie mich mit ihrem Auto in den Ort mitnehmen sollten. Erleichtert nahm ich an, blieben mir so doch eventuelle weitere Begegnungen erspart. Es dauerte eine Weile, bis die Auswirkungen der Schmerzbefreiung sich in meinem Leben auch vordergründig bemerkbar machten. Die Trauer um den Verlust von Taro war noch da, aber nicht mehr so tief bedrückend, nicht mehr so Raum einnehmend, eher an der Oberfläche.

Mit der Welle aufwärts

In diesen Tagen wartete noch ein weiteres Ereignis auf mich. Taro und ich hatten für Ende Februar einen Flug zu unseren Kollegen Hanna und Atlan nach Zürich gebucht, um unsere persönlichen energetischen Fähigkeiten miteinander auszutauschen. Wir wollten ihre Unterstützung in Anspruch nehmen, um Klarheit zu erhalten, wie es mit der Arbeit in unserem Zentrum weitergehen könnte. Daraus wurde jedoch nichts, weil Taro zwei Tage vorher starb. Jetzt traf ich die beiden im Rahmen unserer Weiterbildungen.

Bisher konnte ich mir nur vorstellen, in einen anderen Ort zu ziehen. In dieser Hinsicht erlag mein Vorstellungsvermögen den üblichen menschlichen Begrenzungen. Wie soll ich allein als Frau in meinem Alter ein Zentrum in solcher Dimension führen? Das schien nach rationalen Gesichtspunkten unmöglich zu sein. Ich sah mich auch nicht mehr in der Lage, ein derartiges Arbeitspensum, wie wir es gewohnt waren, zu bewältigen. Dennoch wollte ich Gewissheit erhalten, ob ich mich mit meinen Vorstellungen im Fluss mit meiner inneren Führung befand.

Natürlich strebte ich danach, auch zu diesem Thema nach göttlicher Gesetzmäßigkeit zu handeln. Die Spuren waren schon gelegt. Ich brauchte ihnen nur zu folgen. Bei diesem heiklen Thema beanspruchte ich Unterstützung. Eine Entscheidung wollte ich nur aus absoluter Klarheit heraus treffen.

Hanna und Atlan aus der Schweiz waren bereit, mit ihren Kernkompetenzen für eine Vision und die Wahrnehmung meiner inneren Führung mit mir zu arbeiten und mir eine Brücke zu meinem neuen Leben zu bauen. Mit ihren energetischen Möglichkeiten öffneten sie mir einen klaren Zugang dafür.

In meiner Vision sah ich, dass ich an meinem Kraftplatz bleibe. Erstaunlich, wie eindeutig meine Wahrnehmung hier war. Da gab es kein Zögern, kein Verhandeln, nur die Gewissheit, dass es so richtig ist und ich es schaffe. Es wird sich alles neu kreieren. Meine beiden Begleiter bestätigten meine Erkenntnis. Bei dieser Art von Coaching stellt sich gleichzeitig die Kraft zur Umsetzung ein. Das bewirkt die Schwingung, die innere Hindernisse auflöst. In meinem Alltag zu Hause würde ich nun die anstehenden Erledigungen mit etwas mehr Schwung anpacken können.

Pfingsten stand vor der Tür und meine Kinder kamen. In dieser Zeit tat es uns allen gut, zusammen zu sein. Rohana stellte mir im Anschluss eine Woche Urlaub zur Verfügung. Sie widmete sich der Auflösung von Taros Behandlungsraum in unserem Zentrum. Beruflich im gleichen Fachgebiet wie ihr Vater tätig, konnte sie am besten entscheiden, welche Fachbücher nicht mehr dem aktuellen Wissen entsprachen. Sie ordnete Taros Habseligkeiten danach, was in welcher Weise entsorgt werden oder einen neuen Besitzer finden konnte.

Ein Stapel blieb für mich, den ich durchsehen wollte. So ging es Stück für Stück vorwärts und der Berg, der mir so schwer auf der Seele lag, schmolz nach und nach dahin. Manches gab es, wo noch keine Entscheidung getroffen werden konnte. Ein paar bestimmte Heilerutensilien und persönliche Gegenstände von Taro sammelten wir an einem Ort. Wir vermuteten, dass sich später zeigen würde, was aus ihnen werden sollte. Meine Söhne halfen mir in Haus und Garten, wenn sie gerade da waren.

Manchmal kamen ihnen selbst Ideen, wo mal angepackt werden müsste, wo ich den Bedarf noch gar nicht erkannt hatte. Im August spendierte Rohana noch einmal eine Urlaubswoche und nahm unser privates Büro in Angriff. Ebenso ordnete sie den Dachboden.

Er wurde so übersichtlich, dass ich ihn nicht mehr mit Sorgenfalten betrat. Dies war eine enorme Entlastung für mich. Allein wäre ich von der vielen Arbeit überfordert gewesen.

Viele Räume wurden renoviert, repariert, ausgemistet und wenn nötig umgeräumt. Mehr und mehr entstand in mir das Gefühl, dass es „meins“ ist. In der Kommunikation benutzte ich noch immer das vertraute „uns“. Ich sprach von „unseren Kindern“, von „unserem Haus“. Dies war mir bewusst. Es war mir fremd, „ich“ oder „mein“ zu sagen. Erst im dritten Jahr nach Taros Tod gelang mir der Umstieg. Erst da wurde es für mich allmählich selbstverständlich, von „ich“ oder „mein“ zu reden. Inzwischen konnte ich sogar die neue Freiheit des Alleinseins genießen, auch wenn ich meinen Mann noch gern bei mir gehabt hätte. Ausschließlich dem eigenen Fluss folgen zu können, war ungewohnt für mich. Hier betrat ich ein neues Übungsfeld.

„Was macht mir Freude? Wohin zieht es mich? Was möchte sein?“, lauschte ich nach innen.

Im ersten Jahr bestand der Wunsch nach Alleinsein und eher dem Bedürfnis, ungehindert trauern zu können. Später veränderte es sich. Ich spürte den starken Wunsch, Fluss zu erkennen und mich ihm hinzugeben. Dabei fühlte ich mich zunehmend eins mit der Natur, besonders wenn ich im Garten arbeitete. Manchmal entstand daraus spontan ein Ritual, das Energieströme bewegte.

Meine Umgebung erstrahlte in einem neuen Licht. Eine feine Atmosphäre kreierte sich. Die Landschaft, ihre Wesen und ich tauchten dabei in eine neue tiefe Verbundenheit miteinander ein. Aus „Taro & Sashima – Zentrum“ wurde nach und nach „Sashima – Zentrum“.

Reichlich zwei Monate nach Taros Tod folgte ich einem inneren Impuls, ohne mir dessen umfänglich bewusst zu sein, dass ich damit bereits eine neue Struktur meines Zentrums einleitete.

Im feinstofflichen System unseres Platzes lagerten Aspekte, die sichtbar werden wollten. Eine Weile schon klopften sie bei mir an. Nun wurde es Zeit. Ich hatte Lust dazu, Interessierte mit einzubeziehen. Schnell fanden sich Kollegen und Meditationsbesucher, um die Veränderungen zu begleiten. Einen Neumondtag wählte ich für unser Vorhaben, dessen Qualität wir gemeinsam mit einem Feuer-Ritual zu Beginn unterstrichen.

Am Neumond empfinde ich die Schleier zur Stille durchlässiger als an anderen Tagen. Und damit zur Welt des Lichtes, aus der heraus alles entsteht. Alles ist heruntergefahren auf null, auf das Nichts, den Urzustand des Empfangens.

In der folgenden Bestandsaufnahme zur energetischen Situation vor Ort bemerkten einige, dass sie Taros beschützende Ausstrahlung und seine Geborgenheit vermissten. Einige beschrieben es wie ein Loch, in dem die Energie ständig wegfloss. Also wurde ich aktiv und setzte meine persönliche Stärke ein, etwas Verborgenes sichtbar zu machen. Wir begaben uns auf die Wiese hinter dem Haus in den Bereich, wo die Schachbrettblumen gerade verblühten.

Nach und nach arbeitete ich eine mir zunächst noch unbekannte Lichtschwingung heraus. Erst nach einer Weile erkannte ich sie als die Kraft meines individuellen Wesens. Eine weitere Lichtschwingung wollte erschlossen werden. Sie zeigte sich in meinem Schlafzimmer. Einige Kollegen folgten mir ins Haus, andere verweilten im Garten und beobachteten von dort die Veränderung, die sich auf das Gesamtgefüge ausweitete. So ein kraftvoller Platz hat mit seiner Qualität eine Funktion für die Umgebung und strahlt unterstützend in die Welt. Mit dem Einsatz meiner speziellen Fähigkeit kristallisierte sich ein nährendes Licht heraus, das weithin sichtbar wurde. In unserer abschließenden Austauschrunde trugen die Teilnehmer ihre Eindrücke zusammen: Geborgenheit, Abnabelung, Freiheit, Leichtigkeit und Freude. Mit dem nährenden Licht im Schlafzimmer und der Kraft meines individuellen Wesens im Garten ergänzten nun zwei mächtige Accessoires die Ausstrahlung des Zentrums. Für ein harmonisches Ganzes musste allerdings noch das Kleid gewechselt werden. Unsere Wohn- und Arbeitsräume können uns ausbremsen oder voranbringen. Nach so einem tiefgreifenden Lebenseinschnitt bedurfte es einer grundsätzlichen Erneuerung in meinem Heim. Das Zusammenspiel der Energieflüsse, das dem Entwicklungspotenzial von Taro und mir entsprach, hatte ausgedient. Ein neues Feng-Shui wurde für die grundlegend veränderte Situation gebraucht.

Es bietet die Grundlage dafür, dass sich für mich die Lösung findet, die meinem Weg entspricht. Für den Platz ist es die Basis dafür, dass er sich seinem Potenzial entsprechend entfalten kann. Bei der Recherche im kosmischen Wissen stellte sich heraus, dass unsere Tochter für das Feng-Shui zuständig war.

In den Pfingstferien machte sie sich sogleich an die Arbeit. Mit kleinen Zeichen in verschiedenen Formen und Farben, aktiviert durch Feuer, reinigte, lenkte und belebte sie Energieströme in Haus und Garten. Es fiel mir leicht, mich zurückzuhalten und meine Tochter arbeiten zu lassen.

Gespannt wartete ich auf das Ergebnis und übte mich in Geduld, indem ich einfach weiter meine alltäglichen Dinge erledigte. Beglückt stellte ich bereits nach kurzer Zeit fest, dass mich eine andere Atmosphäre umgab.

Vorher

Rohana beim
Feng Shui

Nachher

Die alten Energiemuster gehörten der Vergangenheit an. Sie hatten ihren Zweck erfüllt. Ich nahm wahr, wie sich unter mir die Erde golden öffnete, um den Himmel zu empfangen. Wie sich eine neue Lebendigkeit ausbreitete. Mit dieser Unterstützung konnte ich aufatmen und vertrauen, dass sich meine nächsten Schritte klar zeigen und mein Weg bereitet ist.

Rohanas energetisches Feng-Shui in unseren Räumen war eine Woche vor dem Coaching von Hanna und Atlan erfolgt. Als ich die Veränderung in meinem Zentrum in Social Media kommunizierte, erhielt ich diesen Kommentar von Gunji: „Wow! Ich bewundere Dich und Deine Geschwindigkeit, liebe Sashima, mit der Du Deinen neuen Weg beschreitest. Ja, das neue Feng-Shui wirkt oft wie frisches Öl im Motor. Viel Freude beim leichten und freudigen Gasgeben!"

Eine andere Kollegin, Gamea, kommentierte: „Genial, für Dich jetzt den Platz einzurichten: Dein Platz, Deine Ausdehnung, Dein Licht, Deine Arbeit. Von Herzen einen guten Neustart." Das Gasgeben empfand ich eher als eine Welle, die mich immer weiter trug, je mehr ich mich von ihr tragen ließ. Ich erlaubte mir dabei, mein Weinen zu leben. Auch meine Wut, meine Verunsicherung und mein „Nicht einwilligen wollen" in den Tod von Taro. Ich konnte diesen schmerzlichen Einschnitt nicht aus vollem Herzen annehmen. Eigentlich nahm ich mir vor, Taro da in seiner neuen Welt nicht zu stören. Trotzdem musste ich manchmal ein bisschen von meinem Kummer bei ihm loswerden, wenn ich ihn in der Meditation spürte. So, wie man seinem engsten Vertrauten sein Leid mitteilt.

In der Anwesenheit eines lichtvollen Wesens relativiert sich manches bedrückende Gefühl. Er strahlte auf mich Verständnis und Gewissheit aus, dass alles gut ist, wie es ist. In einem Leben zu zweit war ich es gewohnt, mich mitzuteilen und auszutauschen. Es dauerte eine Weile, bis es mir auch damit gut ging, mehr mit mir abzumachen.

Unsere Eheringe konnte ich inzwischen mit gutem Gefühl loslassen. Ich befreite sie von unseren persönlichen Energien, sodass sie mit einer neutralen Schwingung für ihre neue Funktion zur Verfügung standen. Nun nahmen Falk und Katharina sie gerne an. Drei Jahre nach Taros Tod zeigte Falk mir das von ihm so fürsorglich arrangierte Video von der Einschmelzung der Ringe durch die Goldschmiedin. Zunächst empfand ich noch mal einen Stich im Herzen, der aber beim wiederholten Ansehen einer Freude wich.

So trug mich die Welle immer mal wieder durch Höhen und Tiefen, von der Anspannung in die Ausgeglichenheit. Ihre Bewegung war ausgelöst von all der energetischen Arbeit mit mir und meinem Lebensraum. Sie half mir, mich nicht an meine Emotionen zu binden. Sie hatten keine Macht über mich. Frohgemut überließ ich mich wieder den Herausforderungen des Alltags, dem Bewältigen der Folgen, wenn jemand starb. Das Leid trat durch meine Geschäftigkeit wieder für eine Weile in den Hintergrund. Im nächsten Moment ließ ich mich auf der Welle meiner Trauer wieder mitreißen und alles wiederholte sich, nach und nach allerdings mit immer weniger Intensität.

In meinem Umfeld erlebte ich Menschen, die erfahrungsbedingt um das Thema Trauern sehr unterschiedliche Meinungen vertreten.

In psychologisch orientierten Kreisen heißt es, dass der Trauerprozess im Schnitt zwei Jahre dauert. Liebevoll erinnerten mich ab und zu meine Mitmenschen daran. In manchen Kulturkreisen würde er sogar mit drei Jahren berücksichtigt. Doch irgendetwas in mir wehrte sich dagegen. Es ist zwar wunderbar, wenn die Umwelt Verständnis für einen lang andauernden Trauerprozess aufbringt, doch wollte ich wirklich so lange trauern? Natürlich gab ich mir Zeit, doch ließ ich mich gleichzeitig auf jeden Impuls ein, der mein Glücklichsein anregte. Auch wenn dies immer mal wieder mit einer bewussten Entscheidung dafür verbunden war. Es war ja in mir. Dann war manchmal tatsächlich ein spontaner Stimmungswechsel möglich. In anderen Momenten tat es mir wieder gut, mit mir und meiner Trauer zu sein, und ich ließ es geschehen.

Bei einer abendlichen Party während unserer Weiterbildungen traf ich auf Barbara, die lange zuvor, sehr jung und nach nur einjähriger Ehe, ihren Mann plötzlich verloren hatte. Sie erzählte, wie sie es hasste, wenn damals jemand zu ihr sagte, dass der Zustand des Trauerns so lange dauern würde. Es ängstigte sie so, dass sie nicht mal ein Jahr darin zubringen wollte. Sie entschied sich bewusst, dafür zu sorgen, glücklich zu sein. Ihr war auf diese Weise der Einstieg in ein neues Leben gelungen. Das heißt nicht, dass man das Vergangene nicht wertschätzt oder verdrängt.

Eine weitere Kollegin beschrieb mir bei einem Austausch unserer gegenseitigen Heilungsarbeit den ausführlichen Trauerprozess als tiefgreifenden Heilungsweg, indem man seine Emotionen in aller Tiefe durchlebt.

Mein Kollege Darta hat beim Verlust seines tot geborenen Kindes von Anfang an das Einssein mit dieser Seele erfahren. In diesem Erleben nahm er das Wesen in seiner Bestimmung wahr und seine Botschaften für die Welt. Das bescherte Darta zu seinem eigenen Erstaunen einen so großen Frieden, der Schmerz absurd erscheinen ließ. Ein paar Jahre später zeigte sich, dass die Seele des Kindes in seinem persönlichen Umfeld in einem neuen Körper geboren wurde.

Für mich ist es wichtig, meinen Weg mit einem Bewusstsein für meine innere Führung zu gehen. Dann wird es leichter, die stillen Seitenarme des Lebensflusses zu erkennen und sie zu verlassen, wenn ich mich tatsächlich mal wieder in ihnen verloren habe. Alles darf sein, alles gehört zu unserem Menschsein. Ich glaube nicht, dass wir immer und immer wieder in aller Ausführlichkeit durch die emotionalen Tiefen gehen müssen. Das haben wir bereits in vielen Inkarnationen ausgekostet, weil wir die Polarität erleben wollten. Manche unerlösten sind noch in unserem Unbewussten und im feinstofflichen System gespeichert und hindern uns am Weitergehen. Dafür hole ich mir Unterstützung über die energetischen Heiltechniken. Das breite Spektrum meiner Gefühle zu berühren, bedeutet für mich Lebendigkeit. Und dabei immer für den Impuls aus meinem Herzen offen zu sein, ob es Zeit ist weiterzugehen. Ich wollte mit Trauer und Schmerz so umgehen, dass ich die Türen, die sich durch Taros Tod geöffnet haben, zur Entfaltung meines Potenzials auch nutze.

Über die Schwelle

Nach fünf Monaten stand mein erster richtiger Urlaub allein vor der Tür. Mit einer Mischung aus Wehmut und „Packen wir's an" ging es los Richtung Ostsee. Eine Woche hatte ich gebucht. Zufällig war mein Anreisetag das Datum unserer standesamtlichen Trauung und die Abreise am kirchlichen Hochzeitstag. Wir hatten 1973 in Greifswald auf dem Standesamt geheiratet und mit den Studenten gefeiert und eine Woche später im erweiterten Familienkreis in Plau am See in der Kirche.

Unsere Hochzeit 1973 in Plau am See

Ursprünglich hatte ich beabsichtigt, mich hier nach einer neuen Bleibe für mich umzuschauen. Den Grund gab es nun nicht mehr. Bei sommerlichen Temperaturen kam ich an und nahm mir vor, gleich ins Wasser zu springen. Vorher wollte ich noch schnell meinen Einkauf für das Wochenende, ein paar Häuser weiter in dem kleinen Bioladen, erledigen und etwas essen.

Was erfuhr ich dort? Es herrschte Badeverbot wegen gefährlicher Unterströmungen! Und das, wo ich doch so gern schwimmen gehe. Dass ich am Meer bin, aber kein Wasser zum Baden habe, begegnete mir schon zur Genüge in meinen heimatlichen Gefilden an der Nordsee. Eigentlich hatte ich mir das hier anders gedacht. Also gut, es galt, das Beste draus zu machen. Ich entschied mich noch am gleichen Nachmittag für einem Strandspaziergang. Wenigstens konnte ich hier mit den Füßen im Wasser wandern. Eine leichte Brise durchwehte mein Haar. Ich genoss das Meeresrauschen und das Kreischen der Möwen. Ostseefeeling. Das war es, was ich seit meiner Kindheit so liebte. Hier konnte ich aufatmen.

Rudern in unserem letzten gemeinsamen Urlaub in der Feldberger Seenlandschaft auf dem Breiten Luzin.

Meine Gedanken schweiften zu unserem letzten gemeinsamen Urlaub sieben Monate vor Taros Tod in der Feldberger Seenlandschaft. Wir tourten mit unseren Fahrrädern durch die Gegend und erlebten ein harmonisches Miteinander.

Und doch – als wenn Taro manchmal etwas entrückt, mehr mit sich selbst war. Ich bemerkte es nur, machte mir keine Sorgen und ließ ihn in seiner Welt. Doch im Gegensatz zu früher fiel es mir auf. Vor Jahren beschäftigte eine Freundin sich mal über Tarotkarten damit, welche Grundschwingung Taros Lebenskarte zeigte: Es war der „Eremit". Das konnte ich in unserer langjährigen Beziehung auch manches Mal nachvollziehen. Doch hier war es anders. Hatten wir nicht in den letzten Jahren trotz aller Innigkeit vielleicht auch schon mehr Abstand zueinander und wurden so auf eine vor uns liegende Trennung vorbereitet?

In meinen Erinnerungen tauchte unser Fest auf, das sich an den Urlaub in der Seenlandschaft anschloss. Unsere runden Jahrestage feierten wir gern im Sommer, denn unsere Geburtstage lagen im Herbst und im Frühling. In diesen Jahreszeiten erschienen uns die Bedingungen nicht so günstig, um die Feierlichkeiten im Garten mit vielen Leuten zu verbringen. Unseren 45. Hochzeitstag im August 2018 nahmen wir zum Anlass, meinen 65. nach- und Taros 70. Geburtstag vorzufeiern. Wir liebten diese Art, mit unserer großen Familie, Freunden und Kollegen zu feiern. Während ich hier in meinen Ostseeferien zu Fuß oder mit dem Fahrrad unterwegs war, erlebte ich noch einmal alle Einzelheiten dieses schönen Festes. Es war hundertprozentig gelungen. Auch als wir bei dem hereinbrechenden Gewittersturm und Regenguss plötzlich alle in unsere geräumige Diele rennen mussten. Wir saßen eng beieinander. Bis halb hinauf zum Obergeschoss waren die Treppenstufen besetzt. Eine gute Gelegenheit, ein Spiel vorzuschlagen, bei dem jeder seinen momentanen Nachbarn interviewte und ihn anschließend allen vorstellte. Nähe entstand und manch Vortragender entlockte den Zuhörern ein Schmunzeln. Draußen bei den Spielen noch unter blauem Himmel war der Spaß schon von unseren Kindern oder anderen aus der Familie angeschoben worden. Und dann kam „Schischyphusch". Taro und ich wurden Fans dieser heiter berührenden Geschichte, als sie an einem Wolfgang-Borchert-Abend in „Planten un Blomen" in Hamburg vorgetragen wurde. Deshalb wünschte ich sie mir für unser Fest. In verteilten Rollen lesend erfüllten mir mein Schwiegersohn Markus und Falk diesen Wunsch. Das Zusammensein mit der Familie beim Vor- und Nachbereiten ist mir ebenfalls in besonderer Erinnerung. Ebenso der laue Sommerabend auf der Terrasse oder das ausgiebige Frühstück am nächsten Morgen unter den Sonnenschirmen. Was für eine wunderbare, von Leichtigkeit getragene Stimmung lag über diesen Tagen! War jemals eines unserer Feste so schön gewesen? Vielleicht sah ich es nur so verklärt, weil es unser gemeinsames letztes gewesen ist. Dankbar ließ ich die Einzelheiten auf meinen Ausflügen Revue passieren. Nicht, ohne ab und zu mal ein paar Tränen zu vergießen. Es war eben eine bedeutsame Vergangenheit, die letzte zu zweit. Würde es jemals zu einem meiner runden Geburtstage so schön sein können ohne Taro?

Bewusst musste ich mich wieder in die Gegenwart holen, denn der wollte ich mich zuwenden. Ich radelte durch die Dörfer mit ihren schmucken Häusern und tauchte in die weite Landschaft ein. Das gefällt mir so an dieser Gegend, dass man nicht nur das Meer hat, sondern sich auch zwischendurch auf einer Radtour schnell mal in einem See erfrischen kann. Ich bewunderte kraftvolle Bäume oder sang mit den Wasserwesen. Auch allein konnte es schön sein. Ich stellte fest, dass man so eher mit anderen Menschen in Kontakt kommt, als wenn man als Paar unterwegs ist. Vielleicht irrte ich mich auch und wollte dem Alleinsein nur irgendwelche Vorzüge abgewinnen. Meine Bemühungen um ein glückliches Leben auch ohne Partner waren einfach noch überschattet von dem Verlust. Schließlich wurde ich vor nicht allzu langer Zeit ins Witwen-Dasein katapultiert. Ich erwähnte dieses Wort immer mal wieder, als müsste ich mich an diesen Status gewöhnen. Nie in meinem bisherigen Leben kam mir in den Sinn, dass ich so plötzlich Witwe sein würde, obwohl das Wort Witwenrente schon in unseren Überlegungen vorgekommen war. Dabei war es das Normalste in dieser Welt, dass einer von uns beiden früher oder später Witwe oder Witwer sein würde. Dieser Zustand jedoch gehörte nach meinem Empfinden eher in die Altersklasse zwischen 80 und 90. Ohne Zweifel rückte durch Taros Tod die Möglichkeit meines Altwerdens und Sterbens in greifbarere Nähe im Gegensatz zu der Vorstellung, noch lange jung und fit zu sein. Glücklicherweise konnte ich später immer mehr zu beiden Möglichkeiten „Ja" sagen. Am Ende meiner Urlaubswoche stellte ich fest, dass ich auch gut allein verreisen kann, obwohl ich es mit Taro zusammen schöner fand. Es ist, wie es ist. Vielleicht kommt die Zeit, wo ich ihn nicht mehr vermissen werde.

„Ich lasse erst mal unsere gemeinsame Seminarplanung im Zentrum weiterlaufen", so dachte ich nach meinem schmerzlichen Lebenseinschnitt. Aber bereits im Mai bröselte mein Vorhaben. Das Intensivseminar zum Erschließen des eigenen Lichtes verlief im Sand, weil die vorher sehr interessierten Teilnehmer sich doch nicht dafür entschieden. Mit einem anderen Kurs im Juni lief es ähnlich. Ich merkte, dass meine Arbeit auch eine neue Struktur brauchte. Meine oftmals erprobte Devise „Augen zu und durch" verlor an Schubkraft. Wieder einmal durfte ich mich erinnern, mich den Wellenbewegungen hinzugeben. Eine Kollegin, die mich coachte, ermunterte mich immer wieder, noch mehr das Alte loszulassen. Dem Hinweis, auch unsere Website ganz abzustellen, anstatt sie noch mehr umzuschreiben, mochte ich noch nicht folgen. „Es geht auch ohne Homepage", meinte die Kollegin. Immer wieder veränderten sich meine Angebote, sodass die bereits verfassten Texte nicht mehr aktuell waren. Die neu erschlossene Kernkompetenz „Selbstwert und Selbstvertrauen" nach einem Stille-Seminar in Santa Fe schmiss wieder alles über den Haufen. Irgendwann war ich weichgekocht. Und ich gab endlich grünes Licht dafür, diese Internetpräsenz auf Rot zu schalten. Die noch gar nicht so alten Briefbögen mit dem schönen Logo, Stempel, Schilder, Visitenkarten entsprachen weiterhin meinem Geschmack und es fiel mir nicht leicht, mich davon zu verabschieden. Glücklicherweise zeigte sich mir bald mein neues Logo. Nach und nach fand ich daran auch etwas Freude, alles neu zu kreieren, und Leute, die mir bei der Umsetzung halfen. Ein weiterer Vorschlag meiner Coachin, wie aus unseren gemeinsamen Räumen meine werden würden, erledigte sich mit dem Renovieren und manchem Umräumen fast wie von selbst.

Überwindung stand auch in meiner Speisekammer an. Nachdem Mäuse die Kartoffeln regelmäßig anfraßen, musste ich mich diesem leidigen Thema stellen. Zunächst nahm ich Kontakt zu ihnen auf und teilte ihnen mit, dass ich sie im Haus nicht haben möchte. Sonst würde ich tödliche Fallen aufstellen. Aber wie geht das? Diese Aufgabe hatte bisher mein Mann erledigt. Ich betrachtete das Geschehen immer aus sicherer Entfernung. Draußen waren früher wilde Katzen, die ich trotz Warnung meiner betagten Nachbarin, dass sie dann bleiben würden, regelmäßig fütterte, weil sie so abgemagert wirkten. Sie zeigten sich dankbar als fleißige Jäger. Doch in den letzten Monaten waren sie nach und nach gestorben oder einfach weg. Als mich eines Tages Andrea besuchte, nahmen wir uns mit aller Vorsicht eine Mausefalle vor und ich verlor meine

Sorge, dass mal ein Finger darin landen könnte. Nun schnappte sie täglich bei einer Maus zu, die sich die leckere Nuss-Nougat-Creme schmecken lassen wollte, und das trotz regelmäßiger ausgesprochener Warnungen über mehrere Wochen an die Mäusefamilie. Bei so einem alten Haus fanden sich keine Zugänge, die man schließen konnte. Also kramte ich ein Angebot von jungen Katzen, das ich Wochen zuvor vehement abgelehnt hatte, wieder hervor.

Für ein paar Tage bekam ich Besuch von Emilia, einer leidenschaftlichen Katzenliebhaberin. Sie war mit der Betreuung von Katzen im Haus erfahren und mir eine große Hilfe. Der Besitzer der Katzenfamilie teilte mir wenige Stunden nach meiner Anfrage, ob es die Kleinen noch gibt, mit, dass er zwei gefangen hätte. So zogen Paula und Theo bei mir ein und ich startete mit Emilias fachkundiger Hilfe mein Leben mit Katzen zunächst im Haus. Das Mäuseproblem relativierte sich bald. Die bloße Anwesenheit der Katzen schien ausreichend.

Mein kleines Australien

Von Australienreisenden drangen so viele interessante Beschreibungen an unser Ohr, dass Taro und ich bereits mehrmals ernsthaft in Erwägung zogen, eine Reise dorthin zu planen. Unsere Freunde, Xantor und Shakandra, luden uns immer mal wieder in ihr Zuhause in Australien ein, aber wir hatten nie Zeit zu verreisen. Unsere spirituellen Weiterbildungen bedeuteten uns so viel mehr als ein Urlaub. Sie gingen weit über Erleben, Entspannen und Seele baumeln lassen hinaus. Jedes Mal ebneten sie den Weg, intensiver sich selbst zu leben. Wir kehrten meistens mit einer Freude und Kraftfülle zurück, wie wir sie vorher noch nicht kannten. Manchmal nahmen wir uns noch ein paar Tage für Ausflüge in die Natur oder Sightseeing dazu. Meistens aber wollte Taro bald wieder arbeiten, damit sich die Termine in der Kassenpraxis nicht zu sehr anstauten, während ich darauf brannte, meinen Klienten die neuen Heiltechniken zukommen zu lassen.

Die Begeisterung für Australien hatte auch meinen Sohn Falk und meine Schwiegertochter Katharina erfasst. Im Jahr zuvor waren sie dort ein paar Wochen mit meinem Enkel Julian unterwegs gewesen. Als wir alle mal zusammen als Familie in meinem Zuhause zusammentrafen, erhielten wir einen wunderbaren Reisebericht mit ansprechenden Fotos auf eine riesige Leinwand projiziert. Als wir diese schönen Bilder sahen, fühlten wir uns in unserem Vorhaben bestärkt. Taro spielte mit dem Gedanken, gleich nach seiner USA-Reise zusammen mit Shakandra weiter zu einem Treffen nach Melbourne zu fliegen. Ich sollte für einen anschließenden gemeinsamen Urlaub hinterherkommen.

Mich beschlich ein mulmiges Gefühl, ob das nicht zu viel für Taro wäre. Es war doch mit erheblichen Umstellungen für Körper und

Seele in den verschiedenen Zeitzonen verbunden. Mit meinen Sorgen konnte ich Taro nicht wirklich erreichen. Erst als ich ihn bat, sich mal hinzusetzen und sich in der Meditation für eine klare Führung zu öffnen, willigte er ein. Danach teilte er mir ganz geknickt mit, dass er kein „Okay" dafür in sich gefunden hatte. Erleichtert ließ ich diese Urlaubsplanung fallen. Sicherlich würde sich mal eine andere Gelegenheit ergeben. Taro nahm schließlich einwilligend den aktuellen Erkenntnisstand an. So wie er, anders als ich, seltener gegen eine Kursänderung aufbegehrte. Er brachte diese Fähigkeit bereits ins Leben mit. Ich war aufgrund meines Widderwesens das Erkämpfen gewöhnt und musste das Annehmen mir erst erschließen. Als dann sein Tod dazwischenkam, verstand ich. Gott sei Dank waren wir da nicht in Australien unterwegs. Shakandra hatte fast einen Flug zur Trauerfeier gebucht. Dann überlegte sie sich aber, dass es sinnvoller wäre, mich ein paar Tage in meinem Zentrum zu unterstützen, wenn sie sowieso nach Europa kommen wollte. Die Idee gefiel mir. Anfang Mai kam der Tag, an dem ich sie vom Zug abholen konnte. Zunächst brachte sie mein zugekrautetes Hügelbeet auf Vordermann. Zusammen genossen wir leckeres Essen oder gingen am Meer spazieren. Wir tauschten uns über unsere Erfahrungen mit Taros Sterben aus. Ich erzählte immer wieder gern über alles, was ich in dem Zusammenhang erlebte, auch wenn ich dabei zwischendurch in Tränen ausbrach. Sie berichtete, wie tief Taros so plötzliches Ableben sie beide traf und wie sie ihn danach ganz deutlich bei sich zu Hause wahrnahmen. Zwischendurch suchte ich aus Taros Kleiderschrank karierte Hemden für sie, denn Shakandra konnte eins zum Reiten gebrauchen. So hatten wir einigen Spaß miteinander. Dann waren fast zwei Stunden Wellness für mich angesagt. Ich erhielt von ihr eine Haarbehandlung und einen frischen Schnitt für meinen Neustart. Da lag ich auf der Liege, mein Kopf mit Shampoo eingeschäumt, das sie mit ihren Magic Drops energetisiert hatte und das mit seiner Schwingung Belastendes aus dem Körper zog. Shakandra kreiert seit Langem aus ihren Erfahrungen als ganzheitliche Friseurin und aus ihrem Wissen als spirituelle Lehrerin Lichtkosmetik für die Haare. Mein Kopf mit den eingeschäumten Haaren wurde in eine Packung feuchtwarmer Tücher eingehüllt. Shakandra berührte spezielle Punkte am Körper mit „Magic Drops", die es in dreifacher Ausführung „Nourish, Transform und Shining" gibt. Gestaute Energie begann wieder zu fließen. Ich sank tiefer und tiefer. Aller Stress der letzten Wochen fiel von mir ab. Eines Tages wiederholte sie die Einladung nach Melbourne. Ich könnte doch genauso gut allein kommen. Ich willigte ein und plante für den Winter des nächsten Jahres. Nicht ohne Zusicherung, dass es dann auch noch Mangos geben würde. Ich hatte keine Vorstellung, was ich alles bereisen wollte. Das würde sich ergeben, wenn ich da bin. Ich wäre so zu Taros erstem Todestag in Australien. Und so geschah es.

Am 3. Februar 2020 ging es los. Bei unserem letzten Telefonat vor meiner Abreise hatte Rohana mir noch ans Herz gelegt: „Gönn dir Ruhe. Du musst in Australien nichts erleben. Du musst auch nicht beim Uluru gewesen sein." So eine Empfehlung ist eigentlich paradox, wenn man auf diesen Kontinent fliegt. Normalerweise will man das Land erkunden. Ich wusste überhaupt nicht, was mich da erwartete. Das Land ein bisschen kennenzulernen lag mir nicht fern. Ich merkte aber auch, dass die Ereignisse des vergangenen Jahres meine Kräfte ziemlich verbraucht hatten. So konnte ich mich nur spontan darauf einlassen, was sich an Möglichkeiten zeigte. Kurz bevor es losging, flackerte noch mal eine Blasenentzündung auf, von der ich glaubte, dass sie längst erledigt wäre. Damit mich nicht unterwegs gewisse Probleme plagten, ging ich schnell noch zum Arzt. Die fünf Tage vor dem Abflug reichten aus, dass ein Antibiotikum noch voll seine Wirkung entfalten konnte.

Mein Körper hatte über 30 Jahre nicht so ein Medikament bekommen, sodass es sicher zügig helfen würde. Die Rechnung ging auf. Fortan plagten mich keine Blasenprobleme mehr.

Auf dem langen Flug gab es nur einen Aufenthalt in Dubai, das ich frühmorgens nach sechs Flugstunden völlig erschöpft erreichte. Erstaunlich, dass ich den großen Rest von 14 Stunden im A 380 viel leichter verkraftete. Am nächsten Morgen um halb sieben australische Zeit erreichte ich Melbourne. Wie verabredet, erwartete Shakandra mich am Flughafen. Erleichtert nahmen wir uns in die Arme. Es war alles ohne unangenehme Zwischenfälle verlaufen. Wir freuten uns über unser Wiedersehen. Eine gute Stunde brauchten wir bis Panton Hill, dem Zuhause von Xantor und Shakandra.

Was für ein schönes Anwesen! Hier ließ es sich aushalten. Allerdings verbrachte ich die ersten Tage vor lauter Erschöpfung im Bett. Schlafen funktionierte kaum noch. Mein Körper musste erst den australischen Rhythmus finden. Nach und nach eroberte ich mir den Pool neben der Terrasse. Gewohnt, im Meer oder in Seen zu schwimmen, bezeichnete ich Pools im Vergleich zu meinen geliebten Gewässern meist mit einem leichten Naserümpfen als Aquarium. In diesem hier, warm und aufgeladen mit den Frequenzen der Magic Drops, gereinigt mit Salzen anstatt mit purem Chlor, bewegte ich mich jetzt sehr gern. Belebtes Wasser ist für mich ein Lebenselixier. Wenn früher bei Treffen im Kollegenkreis jemand berichtete, dass er den Wohnort wechseln will, fragte ich immer, ob es dort auch einen See oder Ähnliches zum Schwimmen in der Natur gäbe. Für die Frage erntete ich regelmäßig ein Grinsen in der Gruppe. Sie kannten das schon von mir. Damals war es unvorstellbar, dass ich mit einem Pool oder einem Hallenbad zufrieden sein könnte.

Auf der Terrasse gab es eine riesige Hängematte, in der ich einfach herumlag und in den Himmel schaute, wenn ich nicht gerade beim Vor- und Nachbereiten der Mahlzeiten half. Bald genoss ich auch den Zauberwald, der an das Grundstück grenzt. Ich nannte ihn „Glückseligkeitswald". Durch eine alte Pforte im Gartenzaun brauchte ich nur ein paar Schritte, um mittendrin zu sein.

Eines Tages sah ich bei einem Spaziergang plötzlich alles mit den Augen der Liebe, die Bäume, Pflanzen und Tiere, Düfte und den zurechtgesägten Baumstumpf, auf dem ich mich niederließ. Und war nur noch glücklich. Ich folgte dem schmalen Pfad, vorbei an einer Feuerstelle. Es zog mich zu einer zarten rosa Blume. Neben meinem linken Fuß entdeckte ich eine kleine gelbe. Ich nahm wahr, wie eine feine Schwingung von beiden ausging, über meine Füße aufstieg und wie sie mich nährte. Die zarte rosa Blüte versorgte meine rechte Handlungsseite und die kräftige gelbe die linke, die für Entspannung zuständig ist. So versunken in mich selbst, ohne nachzudenken oder zu beurteilen, erlebte ich, wie alles begann, miteinander zu kommunizieren. Ich nenne es göttliches Zusammenspiel, das sich durch die Hinwendung zu unserem liebevollen Wesenskern erschließt. Hier fand ich Australien, das Ursprungsland allen Seins. Ich musste dazu gar nicht mehr hinaus in die große weite Welt dieses Kontinents. Nach und nach erholte ich mich. Shakandra schlug ein paar Tage später einen Ausflug in den Blue Water Lotusgarten vor. Mein Herz hüpfte vor Freude. Lotusblüten hatte ich in der Natur noch nie erlebt. Nach einer guten Stunde Autofahrt erreichten wir das weitläufige Gelände. Bei herrlichem Sommerwetter schlenderten wir von einem Teich zum anderen, zwischendurch vorbei an einem Flusslauf. Ich war überrascht, immer wieder noch einen weiteren oder einen noch größeren zu entdecken. In den verschiedensten Farben leuchteten die

Lotusblüten mit ihren wunderbaren Düften. An einem Seerosenteich gab es ein Café. Auf der überdachten Terrasse fanden wir ein schattiges Plätzchen, schauten auf die Blüten und plauderten miteinander. „Schau mal", sagte Shakandra ganz unvermittelt und deutete auf ein größeres Seerosenblatt, „da ist ja auf einmal eine Feder!" Da lag sie, eine Feder, majestätisch auf einem rund geformten Blatt, in strahlendem Weiß! „War sie vorhin auch schon da, oder ist sie gerade heruntergefallen?", fragte ich sie. Wir wussten es nicht. Jetzt war sie sehr auffallend einfach da. Gleichzeitig berührte uns beide für einen stillen Moment Taros Anwesenheit.

In den nächsten Tagen wartete auf mich eine Behandlung in Shakandras Hair Temple. Allein der Raum in der Ausstrahlung seiner schlichten Schönheit ließ mich entspannt in den Sessel sinken. Bestimmt zehn Jahre lang genoss ich in größeren Abständen in unserem Zentrum diese speziellen Haarbehandlungen. Hier nun war alles Shakandra, ihre Essenzen, ihre Werkzeuge, ihre Liebe zum Menschen und seinen Haaren. Nie sah sie die Haare isoliert von Körper und Geist, sondern im größeren Zusammenhang. Es konnte vorkommen, dass sie mittendrin anfing zu singen. Mit ihrer schönen Stimme, mit der sie in Österreich bei einem Wettbewerb Gold gewonnen hatte, bewegte sie mit den eigens für mich gewählten Tönen Blockaden in meinem feinstofflichen System. Nun saß ich in ihrem lang ersehnten Hair-Tempel unter einer Sauna-Haube. Nährender warmer Dampf hüllte mich ein und füllte meine leeren Akkus auf. Ich genoss diese neue Erfahrung. Während Shakandras Reisetätigkeit im deutschsprachigen Raum gab es dafür keine Möglichkeit. Jetzt an ihrem beständigen Wohnsitz wurde sie zum festen Bestandteil ihrer Haarbehandlung und erweiterte alles, was ich bisher unter ihren einfühlsamen Händen erlebt hatte.

Nach der Haarbehandlung von Shakandra

Ausflug in den Lotusgarten

Bald sollte ein Video über Shakandras und Xantors spirituelle Arbeit für ihre Webseite gedreht werden. Dazu musste alles schön hergerichtet werden. Ich fühlte mich bei den Vorbereitungen vom Garten angezogen. Nach einer kurzen Einführung kannte ich australisches Wildkraut, das nicht in die Blumenbeete und auf die Wege gehörte. Einen Tag lang glitt rote durchlässige Erde beim Zupfen durch meine Finger und verband mich auf diese Weise mit der Ausstrahlung dieses Kontinents.

Gemeinsam freuten wir uns auf ein Treffen mit Chai Min und Johannes aus Deutschland. Früher hatten sie manchmal in der geräumigen Diele unseres Hauses ein Konzert für Querflöte und Alphorn gegeben. Jetzt waren sie als Musiker auf einem Kreuzfahrtschiff unterwegs mit Halt in Melbourne. Frühmorgens am 20. Februar 2020 warteten wir gespannt auf unsere Freunde im Hafen. Mein Herz wurde ganz weit beim Anblick des blauen Meeres. Da lag sie schon, die „Albatros", und es dauerte nicht lange, bis wir Chai Min und Johannes entlang der Kaianlage kommen sahen. Das gab natürlich eine freudige Begrüßung zwischen uns. Am liebsten wäre ich gleich noch ins Meer gesprungen. Der kühle graue Morgen allerdings erleichterte es mir zu verzichten. Stattdessen begaben wir uns in das nächste Café zum Frühstück mit Blick auf das Wasser. Als es uns weiterzog, entschieden wir uns zunächst, zum Botanischen Garten zu laufen. Wir spazierten durch die großzügige Parkanlage zwischen den verschiedensten Pflanzen und alten ehrwürdigen Bäumen hindurch. Staunend betrachteten wir wunderschöne Blüten oder atmeten betörende Düfte. Als sich die beiden Paare einem Flecken Erde zuwendeten, den sie vor längerer Zeit mal zusammen als Kraftplatz angelegt hatten, gönnte ich mir eine kleine Pause. Ich setzte mich an den mächtigen Stamm eines riesigen Baumes und ließ die Umgebung auf mich wirken. Nach einer Weile sah ich die suchenden Blicke der vier anderen und wunderte mich. Wonach suchten sie und fanden nicht? Ich war es, die sie nicht im ersten Moment erkennen konnten, obwohl ich vielleicht zehn Meter von ihnen entfernt direkt vor ihnen saß. Die Farben meiner Hose, meiner Jacke, meiner Haare verschmolzen mit dem gleichen mausgrauen Milchkaffee-Braun vom Baumstamm. Amüsiert zogen wir weiter und machten uns auf den Weg weiter hinein in das Zentrum von Melbourne. Als wir so durch die Stadt schlenderten, blieb mir notgedrungen die erste bewusste Erfahrung als Single unter Paaren. Ich fühlte mich unvollständig zwischen den anderen. Dieser Tag war der erste Todestag von Taro. Ich schwankte zwischen „Mein Herz ist schwer" und „Ich könnte doch jetzt glücklich sein". So gern hätte ich jetzt Taro dabeigehabt. Wenn ich mich dem Fluss überließ, der sich von selbst kreiert hatte, ging es wohl eher um das Glücklichsein. Ich wurde förmlich in diese Situation geschoben, an diesem Tag eine Zeitverschiebung zu erleben. So konnte ich mich nicht laufend daran erinnern, was vor einem Jahr zu jeder Stunde, vielleicht zum letzten Mal passierte. Hier war ich in netter Gesellschaft, liebevoll umgeben von vier Freunden inmitten einer schönen Umgebung und interessanten Erlebnissen, getragen von göttlicher Magie. Hier fühlte ich mich wohler, wenn ich mich für Glücklichsein entschied. Manches Mal zu Hause überließ ich mich auch gern meiner Trauer.

Spätestens seit Taros erstem Geburtstag nach seinem Tod beschäftigte mich die Frage, was wir mit solchen besonderen Anlässen machen. Welchen Sinn haben sie für uns oder die Verstorbenen? Zementieren sie unser Festhalten, wenn wir sie noch immer weiter bedenken oder feiern, auch wenn der Betroffene gar nicht mehr da ist? Vielleicht ist dieser von uns geliebte Mensch längst wieder auf der Erde und feiert seinen neuen Geburtstag. Loslassen befreit. Ein Loslassen, bei dem sich jeder sein eigenes Tempo zugesteht.

Von meinem Lehrer las ich eine Übung als Post auf Facebook, die mich dabei unterstützte.

> *„(...) Wir sind gewohnt, Abschiede als Verlust zu erleben. Damit rauben wir ihnen ihre positiven Führungsimpulse und bleiben auf dem Verlust sitzen. Sei es der Abschied von uns nahestehenden Menschen, der Abschied von Verhaltensmustern oder gewohnten Tätigkeiten: immer gibt es darin auch eine Anweisung für ein erfülltes Morgen. Nehmt Kontakt mit dem auf, was euer Leben in dieser Zeit verlassen will. Vielleicht kommt Angst oder Schmerz an die Oberfläche. Beobachtet euren Schmerz und eure Angst einen Augenblick. Dann macht folgende Übung. Im inneren Kontakt mit dem Abschied legt eure linke Hand auf euren Po, eure rechte Hand auf euren Hinterkopf. Wartet, bis ein Fluss zwischen euren Händen entsteht. Jetzt wechselt ihr die Position eurer Hände. Legt die rechte Hand auf euren Po, eure linke Hand auf euren Hinterkopf. Wenn jetzt Fluss zwischen euren Händen entsteht, erwachen die positiven Führungsimpulse in euch. (...)“*

Hier in Melbourne standen alle Ampeln für mein Glücklichsein auf Grün. Wir schlenderten durch die Innenstadt, bestaunten die bizarre Architektur auf dem Federation Square, dem internationalen Treffpunkt. Ich setzte mich für einen Moment auf die Stufen und überließ mich dem munteren Treiben. Mit anschließendem Spaziergang und Pause in der Pizzeria neigte sich unser heiteres Beisammensein dem Ende zu. Pünktlich brachten wir Chai Min und Johannes wieder zur „Albatros", mit der sie ihre Reise fortsetzten.

Eine Überraschung erwartete mein norddeutsches Gemüt am Abend. Karnevalsmusik tönte aus den Boxen und Xantor wirkte auf mich, als wenn er „Hummeln im Hintern" hätte. Kölsches Blut lässt sich selbst im australischen Busch nicht unterkriegen. Es war nämlich Weiberfastnacht. Davon hatte ich zwar schon gehört, aber bei uns hoch oben an der Waterkant gehörte dieser Begriff eher in den Bereich der Fremdwörter. Karneval kennt man zwar ansatzweise auch bei uns im Norden, doch dieser ist nicht zu vergleichen mit der Stimmung in seinen rheinischen Hochburgen. Am wenigsten hätte ich Ausläufer davon in Australien vermutet. Ich konnte mich jetzt entscheiden, als Trauerkloß dazusitzen oder mitzusingen. Etwas verhalten stimmte ich in Xantors Karnevalsgesänge ein. Vielleicht könnte ich sie noch lernen? Bald merkte ich jedoch, dass mir das Feeling dafür nicht in die Wiege gelegt worden war, und ich erfreute mich mehr am Zuhören. Nicht immer ist eine Entscheidung zwischen den Polen traurig oder glücklich notwendig. Ich kann mich auch einfach mal mit den Gegebenheiten arrangieren, einfach annehmen, wie es gerade ist.

Noch zweimal gab es das leckere Mango-Frühstück mit Kokosmilch-Joghurt, das ich hier bereits öfter genießen konnte, und dann ging es wieder Richtung Heimat. Die sonst so häufig erscheinenden Kängurus zeigten sich bisher während meiner Anwesenheit kein einziges Mal. Auf dem Weg zum Flughafen entdeckte ich nun wie zum Abschied auf einer Wiese in der Umgebung viele Tiere. Sie rundeten meine kleine Auszeit in Australien ab. Erfüllt und an Körper und Seele genährt, trat ich meine Heimreise an.

Vom Wir zum Ich

Das erste Trauerjahr hatte ich überstanden. Für mehrere Menschen zu sorgen war mir vertraut. Die letzten 20 Jahre sorgte ich meist nur noch für uns zwei. Wie ungewohnt war es, jetzt vorrangig mich im Blick zu haben. Noch immer kaufe ich viel zu reichlich Lebensmittel ein. Glücklicherweise sind oft Leute um mich, die gern mein zu viel gekochtes Essen mitnehmen, um es noch zu Hause zu genießen. In vielen Lebensbereichen hieß es für mich bewusst hinzuschauen, ob das gerade für mich stimmt, was ich tue.

Im Coaching für die Umsetzung neuer Strukturen ließ mir meine Kollegin nichts durchgehen, was nicht konsequent mir entsprach. Mir wurde klar, dass ich Entlastung brauchte. Nicht nur, weil ich jetzt im Rentenalter angekommen war. Ich brauchte jetzt Freiraum, um mich entscheiden zu können: „Was will ich leben, das mich ausdrückt? Welche Arbeit kann ich delegieren?" Gemeinsam fanden wir Lösungen. Das bedeutete für mich einen ziemlichen Lernprozess, dem ich auch gern immer mal wieder auswich, in das alte Fahrwasser geriet und dann arbeitete bis zum Umfallen. Solche Momente erschwerten es mir, ich selbst zu sein und meinen Impulsen zu folgen. Dennoch erweiterte sich zunehmend mein Erfahrungshorizont. Was früher das Tagebuch war, ist heute in nicht so intimer Form Social Media. Da las ich einen Eintrag vom März 2020, in dem ich so ein intuitiv geborenes Erlebnis schilderte:

> *„Spontanität ist doch immer wieder ein wirkungsvoller Motor, um etwas in Bewegung zu bringen. Wegen des Regenwetters heute ließ ich alle meine Pläne los und setzte mich ins Büro an den Schreibtisch, um den anstehenden Berg zu erklimmen. Doch was für ein Impuls meldete sich da in mir?*

‚Mit der Seele des Hauses durch alle Räume tanzen.' Grins. Ich bin schon alles mögliche Ungewohnte gewöhnt, scheinbar Verrücktes ist mir alles andere als fremd. Also drehte ich die Musik voll auf, wurde mit der Hausseele eins und los ging's. Durch alle Räume. Bis in die Besenkammer. So viel Lebendigkeit und noch mehr Freude ist plötzlich da. Und mir ist dazu auch noch endlich mal warm."

Ja, das Haus hat auch eine Seele, anders als unsere menschliche. Vor Jahren merkte ich in einem zusätzlichen Feng-Shui-Aufbaukurs, dass sie unserer Zuwendung bedurfte. Sie wirkte damals etwas vernachlässigt. Mit ihr in Einheit zu sein, birgt gegenseitiges Unterstützungspotenzial. Hier wurde das Haus wieder ein Stückchen mehr meins.

Unser Dhuni-Feuerplatz machte mir seit einiger Zeit Sorgen. Der Zahn der Zeit hatte ziemlich an ihm genagt. Taro hatte sich immer hingebungsvoll um diese Feuerstelle gekümmert. Hier boten wir über Jahre an jedem ersten Sonntag im Monat ein Ritual an, bei dem sich das geistige Feuer von Himmel und Erde so miteinander verbindet, dass es für die Teilnehmer erlösend wirkt. Es befreit von Bedrückendem, holt Verdrängtes an die Oberfläche oder regt zu neuen Schritten an. Je nachdem, wie die einzelnen Wesen es brauchten. Taros Maurer-Ausbildung während seiner Abiturjahre in der DDR kam uns zugute. Er reparierte regelmäßig fachkundig den Lehmputz. Ich zelebrierte zwar gern das Feuer-Ritual, aber Reparaturen überforderten mich. Sicher hätte ich lernen können, mit Lehm zu arbeiten. Das entsprach aber nicht meinem Vorsatz, Arbeit zu reduzieren. Zum Glück widmete sich nun Andrea ab und zu dieser Tätigkeit. Sie verfügt auch über die innere Ausrichtung, diesem Platz in seiner Kraft in Demut zu begegnen. Dennoch merkte ich bald, dass er grundsätzlich erneuert werden musste, weil er in seiner Substanz bereits bröckelte.

Wenn ich Informationen für mich oder andere brauche, bietet die geistige Ebene göttlicher Gesetzmäßigkeit Lösungen, die den persönlichen und den Gesamtfluss im Einklang mit dem Licht unterstützen. Dafür hatte ich eine Initiation in meiner spirituellen Grundausbildung in den 1990er-Jahren erhalten und berate daraus seither meine Klienten. Hier erfahre ich auch, mit welchen energetischen Heilmethoden ich ihnen die nächsten Entwicklungsschritte erleichtern und ermöglichen kann.

Eines Tages schaute ich in diese Wahrnehmungsebene, um zu erfahren, wie mein Dhuni in Zukunft aussehen sollte. Es zeigte sich ganz klar eine neue Form und die entsprechenden Maße dafür. Unsere Freunde Klaus und seine Frau Maria bauten Dhunis in der ganzen Welt. So gern hätte ich diesen beiden die Aufgabe übergeben. Nur leider starb Maria im Sommer nach Taro innerhalb weniger Wochen an einer plötzlich auftretenden lebensbedrohlichen Krankheit. Ich mochte sie sehr und vermisste sie. Wenn sie uns früher bei handwerklichen Arbeiten halfen, genossen wir immer unser Zusammensein mit den beiden. Nun brachte Klaus einen Freund zur Unterstützung mit. Früher formte Maria hingebungsvoll die Yoni mit der Qualität von weiblicher Schöpfungskraft, über die beim Ritual das Öl fließt. Jetzt blieb mir diese Aufgabe. Klaus lehrte mich, mit dem Material umzugehen. Aus dem zunächst empfundenen Mangel der fehlenden Maria erwuchs nun in mir eine Freude, dies selbst tun zu können. Die Yoni mit all den Schwingungen auszustatten, die meinem Dhuni entsprach. Vorher war die Feuerstelle quadratisch. Jetzt erhielt sie die Schalenform einer Halbkugel. Als ich mein erstes kleines Feuer vorsichtig entzündete, spürte ich, wie es zusätzlich zur ursprünglichen Dhuni-Qualität das Einssein mit allem, was ist, anregte.

Ich zelebriere das
Dhuni-Feuer-Ritual,
bei dem sich in der
Verbindung mit der Liebe
von Himmel und Erde,
männlich und weiblich,
Shiva und Shakti,
blockierende Anteile
auflösen.

Nach Anleitung von Klaus forme ich die Yoni für meinen neuen Dhuni, durch die das Öl ins Feuer fließt.

In den letzten Monaten nach Taros Tod meldeten sich meine alten Zahnbeschwerden, eine mir bereits bekannte frühere Entzündung im Kiefer wurde immer intensiver. Jetzt musste ich Nägel mit Köpfen machen. Entscheidungen zu verschieben war keine Lösung mehr. In den vergangenen Jahren brachten die Zähne viele Themen hoch, an denen Kollegen mit mir arbeiteten und Blockaden sich lösten. Dennoch zeigte sich jetzt, dass ich nun auch Zähne loslassen musste. Ein paar Zahnarzttermine reichten nicht aus, um das Problem grundlegend zu verändern. Dieses Mal nahm ich mir richtig Zeit dafür. Es begann damit, zu recherchieren, welche kieferchirurgischen Lösungen mir entsprachen. Bald fanden sich Möglichkeiten, die ich annehmen konnte. So begann eine etwa zweijährige Unternehmung zu unserem früheren Wohnort Hamburg. Jedes Mal versuchte ich, diese Reise und den Aufenthalt dort so angenehm wie möglich für mich zu gestalten. Eventuell auftretende Belastungen reduzierte ich im Vorfeld und bei weniger aufwendigen Terminen kombinierte ich sie mit Besuchen bei Verwandten und Freunden.

Einen Herzenswunsch, den Taro und ich über viele Jahre hegten, wollte ich mir jetzt erfüllen. In unserer großen Diele stand bisher ein kleiner eiserner Ofen, der vorwiegend den oberen Flur heizte, weil die Wärme nach oben stieg. In kalten Wintertagen, vielleicht noch mit Ostwind, zeigte mein Küchenthermometer nur 16 Grad an. Das war wirklich nicht gemütlich, aber in so einem alten Fachwerkhaus kaum zu verändern. Wollte ich hierbleiben, sollte sich das ändern. In unseren Anfangsjahren hier in unserem Wohnort brachte eine Meditationsteilnehmerin eine Freundin aus Süddeutschland mit. Diese erzählte von den wunderbaren Grundöfen, die ihr Sohn baut. Wir konnten bereits einen von ihm gefertigten bei dieser Meditationsbesucherin zu Hause erleben. Damals drückte mir die Mutter einen Prospekt ihres Sohnes Dietrich in die

Hand. Ganz schnell fand ich den so lange aufbewahrten Flyer wieder. Nach einigen Recherchen über alle möglichen Ofentypen kam ich immer wieder zurück zu diesem Spezialisten und traf dann die Entscheidung. Der von diesem Tüftler entwickelte Ofentyp hatte so vieles, was ich bei keinem anderen Anbieter fand.

In den ersten Septembertagen war es dann so weit, dass Dietrich mit seiner Frau und seinem Sohn aus der Nähe von Tübingen anreiste. Gemeinsam verbrachten wir reichlich eine Woche in meinem Haus. Es war nicht nur interessant, das sorgfältig bereitete Wachsen des Ofens zu beobachten, sondern auch die Gespräche bis spät in den Abend hinein. Nun genieße ich schon über ein Jahr den Platz am Ofen mit seiner Strahlungswärme. Er wärmt mich innen und außen, sodass ich tatsächlich unempfindlicher gegen Kälte geworden bin.

Zweifellos schöne Aussichten

Energie geht nie verloren, das wissen wir aus der Physik. Jedoch gibt es Menschen, die sich nichts anderes vorstellen können, als dass das Leben mit dem Tod endgültig vorbei ist. Ich verstehe sie, war ich doch kurzfristig auch dieser Annahme erlegen. In der evangelischen Studentengemeinde beschäftigten wir uns früher mit vielen Lebensthemen. In den 70er-Jahren des letzten Jahrhunderts ging es eine Zeit lang um die materialistische Gottesvorstellung. Einmal gestaltete unsere Pastorin eine Veranstaltung zum Thema „Tod und Ewigkeit". Ich erinnere noch den mit Sand gefüllten Tontopf, der die Runde machte. Als ich ihn in den Händen hielt, ließ ich wie alle anderen den Sand durch die Finger rinnen. „Dann ist das, was nach dem Tod übrig bleibt, dass wir wieder zu Erde werden und eben nur diese immerwährende Erde sind? Also doch kein Weiterleben in einer Wesensform danach", stellte ich ernüchtert fest. Wenn eine Pastorin, die sich auf die Weisheiten der Bibel bezog, das so sah, schien das ja zu stimmen. Ihre Auslegungen klangen schlüssig für mich.

Nun gut, ich fand mich damit ab und dachte: „Dann stehe ich wenigstens den Pflanzen als Nahrung wieder zur Verfügung." Dass dieser Körper-Kompost aufgrund unserer unnatürlichen Lebensweise, vielleicht gefüllt mit Quecksilber oder Plutonium, bereits als Sondermüll gilt, wusste ich damals noch nicht. Wie aber passte das zusammen mit den Berichten meiner Mutter, die als Gemeindeschwester zahlreiche Sterbende begleitet hatte? Sie erlebte, wie diese Menschen kurz vor ihrem Übergang von Verwandten oder Engeln erzählten, die da waren, um sie abzuholen. Waren das nur Halluzinationen? Von Zeit zu Zeit tauchten die beeindruckenden Erzählungen meiner Mutter in mir auf. Diese Zweifel, die durch den Abend in der Studentengemeinde gesät wurden, hielten somit nicht allzu lange an. Es gab genügend andere Informationsquellen und eine tiefe innere Gewissheit in mir. In den spirituellen Ausbildungen wurde sie selbstverständlich.

Sogar ein Wissenschaftler beschäftigte sich inzwischen mit dem Thema, weil er durch eigene Erlebnisse an diese Problematik herangeführt wurde. Von Prof. Oliver Lazar gibt es eine umfassende wissenschaftliche Studie, mit der er eindrucksvoll die Authentizität und Wirksamkeit von medial vermittelten Botschaften aus der geistigen Welt belegen konnte. Die Ergebnisse seiner „EREAMS"-Studie hat er im Buch „Jenseits von Materie" (2021) veröffentlicht.

Im Juli des Jahres 2020 war mir eine erstaunliche Erfahrung vergönnt. An diesem Abend war ich schon ins Bett gegangen. Plötzlich fiel mir etwas Wichtiges ein, sodass ich noch mal schnell ins Büro gehen wollte. Ich sprang wieder auf, lief aus dem Schlafzimmer den langen Flur entlang und nahm den Weg über den Meditationsraum. Ich öffnete die Tür und wollte gleich die nächste dahinterliegende Tür öffnen, um über die Treppe schnell in den Praxisbereich zu kommen. Doch so weit kam es nicht. Ich betrat unseren Meditationsraum und konnte keinen Schritt weiter gehen, denn da stand er. Taro. Ich sah ihn nicht mit meinen Augen, aber ich fühlte ihn. Er stand da so verdichtet in seinem Licht, dass mir der Durchgang versperrt war. Natürlich nahm ich dieses Hindernis gerne an. Ich legte meinen Kopf an seine Schulter. Und so standen wir eine ganze Weile und ich genoss das Aufgehobensein und die Innigkeit. Mir traten Tränen in die Augen vor lauter Glückseligkeit. In 30 Jahren spiritueller Arbeit gab es für mich schon viele lichtvolle Erfahrungen. Doch diese war jetzt die Krönung. Niemals hätte ich gedacht, dass ich Taro so treffen würde. Dieses Einssein im Licht in der Intensität hatte ich in unserem gemeinsamen Menschsein noch nicht mit ihm erlebt. Wir kommunizierten auf der Gedankenebene ein wenig miteinander. Einzelheiten sind aus meiner Erinnerung entschwunden. Das Erleben stand im Vordergrund. Außerdem war ich fest davon überzeugt, dass dies keine Eintagsfliege sein würde, sondern wir uns jetzt öfter auf dieser Ebene treffen und berühren würden. In dieser Annahme fühlte ich mich von ihm bestätigt. Aber vielleicht war mein Wunsch nach weiteren solchen Begegnungen so stark, dass ich seine Äußerung dazu gar nicht wahrnahm. Ich dachte, dass mir dieses Erlebnis geschenkt wurde, um den körperlichen Verlust meines Mannes zu verkraften und auf diese Weise unsere Begegnung weiterhin möglich war.

Irgendwann kam ich zu dem Punkt, dass ich ja nicht ewig hier so stehen könnte, und löste mich von ihm, um meinen Weg fortzusetzen. Beflügelt öffnete ich die Tür. Jetzt erst war es möglich. Ich rannte die Treppe hinunter ins Büro, erledigte mein Vorhaben und nahm den gleichen Weg zurück ins Bett. Da stand zwar kein Taro mehr, aber ich war tief im Herzen so froh, dass wir uns jetzt immer so treffen könnten.

Auf zur nächsten Runde

Nach dem Winter kommt der Frühling. Danach der Sommer und der Herbst. Dann geht es wieder von vorn los. Die Phasen von Neumond zum Vollmond sind uns ebenfalls gewiss, bis alles von Neuem beginnt. Das Leben verläuft in Kreisläufen. Warum sollte menschliches Leben linear verlaufen? Ein Kind war es, das meinen stillen Traum von weiteren so intensiven Begegnungen mit Taro wie Seifenblasen platzen ließ. Als alle eines Abends in gemütlicher Runde um das Lagerfeuer herumsaßen, erzählte es seiner Mutter von dem Baby in dem Bauch der Frau, die auf der anderen Seite der wärmenden Flammen saß. Ganz genau konnte es benennen, wer dieser Neuankömmling im letzten Leben gewesen ist. Schon öfter beschrieb dieser Sechsjährige unser Licht, wenn wir ihn danach fragten. Er wächst wie manch andere Kinder zusammen mit seinen Geschwistern ganz selbstverständlich mit dem Bewusstsein für die Feinstofflichkeit der Welt auf, die uns umgibt. Sie kennen die Stärken und Schwächen ihres eigenen Lichtes und haben es in einem Seminar für Kinder besonders erschlossen. In dieser Zeit stand ich noch unter dem berührenden Eindruck von der Begegnung im Meditationsraum. Taro war mir bisher nicht wieder erschienen, in keiner Form, weder sehr ätherisch noch sehr verdichtet. Das wunderte mich schon. Aber ich war es gewohnt, nichts zu erwarten, nichts zu wollen, mich einzulassen. Ich dachte, es würde sich eine erneute Begegnung ereignen, wenn der richtige Moment gekommen sei, wenn es dran ist.

Er kam bis heute nicht. Ich empfand es so, als wenn kein Taro mehr da wäre. Wohl oder übel musste ich mich jetzt mit dem Gedanken anfreunden, der in mir bereits eine starke Präsenz hatte, als ich von der Schwangerschaft der Frau erfuhr. Wenn er nicht wieder auf der Erde wäre, hätte ich noch immer das Gefühl, Taro als Lichtwesen auf einer partnerschaftlichen Ebene begegnen zu können. Ich fürchtete unbewusst um diesen Verlust und schob damals den Gedanken an eine erneute Inkarnation schnell beiseite.

Als jemand anders von der gleichen Wahrnehmung berichtete, mochte ich mich noch nicht darauf einlassen. Erst später, als ich mich in die Schwingungsqualität dieses neuen Menschen hineinvertiefte, konnte ich diese weitere Herausforderung mehr und mehr annehmen. Eine Woche danach fiel mir eine alte CD in die Hände, auf der dieses Wesen Taro genau so beschrieben wurde. Vor mehreren Jahren baten wir mal für uns um ein Reading aus dem kosmischen Wissen. Es berührte mich, wie eine Kollegin mit der Unterstützung unseres Lehrers die gleichen Worte für Taros Seelenlicht gefunden hatte wie ich.

Die Zeit verging. Das Kind war inzwischen sieben Jahre alt. Als es das erste Mal das Neugeborene in seiner Familie erlebte, äußerte es seine große Freude darüber, dass Taro nun nicht mehr fehlen würde, weil er wieder da sei.

Es wurde Winter und mit ihm kam das Fest der Geschenke. An einem Nachmittag knieten das zehn Monate alte Baby und ich auf der Fußmatte vor der großen Glastür. Auf der anderen Seite der Scheibe saßen die Katzen. Still beobachteten wir sie. So ganz versunken in das, was da hinter der Glasscheibe passierte, war es plötzlich da zwischen uns beiden:

Das alte warme Gefühl von tiefer Verbundenheit und Vertrautheit. Einssein.

Danksagung

Ein herzliches Dankeschön geht an Irsa. Durch ihre Kristallklarheit konnte ich die Bedeutung einer Veröffentlichung meiner Geschichte erkennen. Somit wurde sie zum zündenden Funken für das Preisgeben meiner inneren Schätze. Dass meine Tochter und meine beiden Söhne sich ebenfalls darauf einlassen konnten, denn es ist auch ihre sehr persönliche Geschichte, macht mich froh und dankbar. Besonderer Dank gilt meinen beiden Schwiegertöchtern für ihr Interesse, ihre Ermunterungen, ihre Ideen und Korrekturen. Dass ich Wichtiges über das Buchschreiben bei Daniela lernen konnte, verdanke ich Jhamala, die den Kurs „Schreib dein Buch" bei ihr bereits als hilfreich erlebt hatte. Ebenso lieben Dank an Daniela für all die wichtigen Informationen und Kontakte.

Herzlich möchte ich auch Shakandra und Xantor danken, die sich mein Manuskript mit ihrem Lichtblick gegenseitig vorlasen, sodass auch ich eine heilsame Herzensberührung für den Leser darin erkennen konnte. Ebenso lieben Dank an all meine Probeleser für ihre Feedbacks, an die Reiner und Elisabeth Kunze-Stiftung für die Abdruckgenehmigung sowie an meine Lektorin Marion für ihre inspirierenden Hinweise.

Ein großes Dankeschön gilt meinem persönlichen Lehrer, der mir unermüdlich den Weg bereitet für die Schritte, mich selbst zu erfüllen.

Über die Autorin

SASHIMA MÖLLER-TITEL

Für Sashima Möller-Titel, geb. 1953, haben sich in ihrem Leben immer wieder Situationen ergeben, die bewusstes Loslassen elementarer Sicherheiten erforderten. So erlebte sie zusammen mit ihrem Mann und ihren drei Kindern eine dreijährige belastende Ausreisezeit aus der damaligen DDR.

Später gab sie ihren Beruf in der Augenheilkunde auf, um sich ganzheitlich dem Sehen und neuen Sichtweisen zu öffnen.

Seit fast 30 Jahren begegnen ihr in ihrer Arbeit mit feinstofflichen Heiltechniken zahlreiche Lebensthemen von Menschen, die mit dem Loslassen alter Strukturen und dem Entfalten eigenen Potenzials zu tun haben. Als ihr Mann plötzlich stirbt, erlebt sie sich im Schüttelglas der Veränderung. Berührt von der Magie der Ereignisse, folgt sie den lichten Spuren, die sich täglich neu zeigen. Getragen von ihren Erfahrungen als Leiterin eines spirituellen Zentrums, lässt sie sich auf ihre schmerzvolle Reise ein. Wie sie ihre Klienten in all den Jahren beraten hat, möchte sie nun selbst auch wissen, welche Bedeutung dieser Schicksalsschlag für sie hat. Dankbar nimmt sie die Anwesenheit ihres verstorbenen Mannes wahr. Bald jedoch muss sie sich auch daraus wieder lösen, um ihm den Weg zu ermöglichen, für den er sich entschieden hat.

"Nur sprechenden Menschen kann geholfen werden" sagte Marion Glück als Marineoffizier zu ihren Soldaten. Doch sie selbst traute sich nicht mit anderen über ihre Probleme zu sprechen. Als sie sich doch überwand, wurde sie als Hypochonder belächelt und abgestempelt. Trotz großer Familie und engem Freundeskreis, fühlte sich die Autorin jahrelang unglücklich und einsam. Mobbing, Depressionen und Suizidgedanken bestimmten ihr Leben.

In diesem Buch erzählt die Autorin ihre Geschichte. Mit humorvoller Leichtigkeit schafft sie es diese sensiblen Themen darzustellen und entmystifiziert gleichzeitig den Alltag in einer psychosomatischen Klinik während ihrer Therapie.

ISBN **Softcover**-Print:
978-3-949536-00-7

ISBN E-Pub:
978-3-949536-08-3

www.gluecksuniversum.de

Durch über 35 Jahre Erfahrungen in der Pflege und Begleitung von Sterbenden und deren Angehörigen erlebte die Autorin viele einschneidende Momente, die sie tief berührten. Im Laufe der Zeit wurde der Tod ihr Freund. Durch ihn erwachte ihr Bewusstsein, dass er auch sie eines Tages besuchen und von dieser Welt mitnehmen wird. Der Schmerz war jahrelang ihr Lehrer und sie machte sich selbst auf den Weg der Vergebung. Schritt für Schritt verstand sie immer mehr, wie wichtig es ist, BEWUSST zu LEBEN – JETZT, um eines Tages glücklich zu sterben.

Wenn der Tod erst vor dir steht, ist es oft zu spät für Vergebung. In ihrem ersten Buch reicht dir die Autorin die Hand und begleitet dich liebevoll mit ihren Gedanken und vielen kleinen Übungen auf deinem Weg der Vergebung.

ISBN **Softcover**-Print:
978-3-949536-30-4

ISBN **E-Pub**:
978-3-949536-16-8

www.monika-leu.ch

Vielen Dank, dass du dich diesem Buch geöffnet hast und ein Stück des Weges mit mir gegangen bist. Gerne führe ich dich auf lichten Spuren in den Ausdruck deiner inneren Schönheit, deiner Einzigartigkeit. Möchtest du mit mir arbeiten?

Sashima

Du bist neugierig und möchtest selbst ein Happyhero werden?
Werde der neue Star im Glücksuniversum.

Registriere dich bei uns.

Deine Maria